VERIFICAÇÃO INDEPENDENTE EM PARCERIAS PÚBLICO-PRIVADAS (PPPs)

UMA ANÁLISE DA EVOLUÇÃO DO PAPEL DO VI NO BRASIL, DE SUA UTILIZAÇÃO PRÁTICA, ATRIBUIÇÕES E LIMITES DE ATUAÇÃO

ISADORA CHANSKY COHEN

Prefácio
Milton Gomes

Posfácio
Caio Felipe Caminha de Albuquerque

Coordenação de Pesquisa
Matheus Cadedo

VERIFICAÇÃO INDEPENDENTE EM PARCERIAS PÚBLICO-PRIVADAS (PPPs)

UMA ANÁLISE DA EVOLUÇÃO DO PAPEL DO VI NO BRASIL, DE SUA UTILIZAÇÃO PRÁTICA, ATRIBUIÇÕES E LIMITES DE ATUAÇÃO

Belo Horizonte

FÓRUM
CONHECIMENTO

2025

© 2025 Editora Fórum Ltda.

É proibida a reprodução total ou parcial desta obra, por qualquer meio eletrônico, inclusive por processos xerográficos, sem autorização expressa do Editor.

Conselho Editorial

Adilson Abreu Dallari
Alécia Paolucci Nogueira Bicalho
Alexandre Coutinho Pagliarini
André Ramos Tavares
Carlos Ayres Britto
Carlos Mário da Silva Velloso
Cármen Lúcia Antunes Rocha
Cesar Augusto Guimarães Pereira
Clovis Beznos
Cristiana Fortini
Dinorá Adelaide Musetti Grotti
Diogo de Figueiredo Moreira Neto (*in memoriam*)
Egon Bockmann Moreira
Emerson Gabardo
Fabrício Motta
Fernando Rossi
Flávio Henrique Unes Pereira

Floriano de Azevedo Marques Neto
Gustavo Justino de Oliveira
Inês Virgínia Prado Soares
Jorge Ulisses Jacoby Fernandes
Juarez Freitas
Luciano Ferraz
Lúcio Delfino
Marcia Carla Pereira Ribeiro
Márcio Cammarosano
Marcos Ehrhardt Jr.
Maria Sylvia Zanella Di Pietro
Ney José de Freitas
Oswaldo Othon de Pontes Saraiva Filho
Paulo Modesto
Romeu Felipe Bacellar Filho
Sérgio Guerra
Walber de Moura Agra

FÓRUM
CONHECIMENTO

Luís Cláudio Rodrigues Ferreira
Presidente e Editor

Coordenação editorial: Leonardo Eustáquio Siqueira Araújo
Thaynara Faleiro Malta

Coordenação de Pesquisa Científica: Matheus Cadedo. Advogado, bacharel e mestrando em direito pela FGV Direito São Paulo. Participou da Escola de Formação da Sociedade Brasileira de Direito Público (SBDP). Foi pesquisador do Núcleo de Constituição e Justiça (NCJ) da FGV Direito São Paulo

Revisão:
Capa, projeto gráfico e diagramação: Walter Santos

Rua Paulo Ribeiro Bastos, 211 – Jardim Atlântico – CEP 31710-430
Belo Horizonte – Minas Gerais – Tel.: (31) 99412.0131
www.editoraforum.com.br – editoraforum@editoraforum.com.br

Técnica. Empenho. Zelo. Esses foram alguns dos cuidados aplicados na edição desta obra. No entanto, podem ocorrer erros de impressão, digitação ou mesmo restar alguma dúvida conceitual. Caso se constate algo assim, solicitamos a gentileza de nos comunicar através do *e-mail* editorial@editoraforum.com.br para que possamos esclarecer, no que couber. A sua contribuição é muito importante para mantermos a excelência editorial. A Editora Fórum agradece a sua contribuição.

Dados Internacionais de Catalogação na Publicação (CIP) de acordo com ISBD

C678v	Cohen, Isadora Chansky Verificação independente em Parcerias Público-Privadas (PPPs): uma análise da evolução do papel do VI no Brasil, de sua utilização prática, atribuições e limites de atuação / Isadora Chansky Cohen. Belo Horizonte: Fórum, 2025. 175 p. 14,5x21,5cm il. color. ISBN impresso 978-85-450-0806-4 ISBN digital 978-85-450-0816-3 1. Verificador independente. 2. Parcerias Público-Privadas (PPPs). 3. Concessões. 4. Gestão contratual. 5. Acompanhamento contratual. I. Título. CDD: 350 CDU: 35

Ficha catalográfica elaborada por Lissandra Ruas Lima – CRB/6 – 2851

Informação bibliográfica deste livro, conforme a NBR 6023:2018 da Associação Brasileira de Normas Técnicas (ABNT):

COHEN, Isadora Chansky. *Verificação independente em Parcerias Público-Privadas (PPPs)*: uma análise da evolução do papel do VI no Brasil, de sua utilização prática, atribuições e limites de atuação. Belo Horizonte: Fórum, 2025. 175 p. ISBN 978-85-450-0806-4.

DEDICATÓRIA

Tudo o que escrevo e tudo o que faço tem um pouquinho – ou muito – de todos que me fazem. Este livro é fruto de experiências práticas que vivenciei e de um interesse que foi surgindo para aprofundar o tema da verificação independente no Brasil. O resultado reflete inquietações e discussões, sempre compartilhadas com os parceiros de jornada. O maior incentivo para transformar essa vivência em livro veio de Fernando Marcato. Dedico-o a você, meu amor, e agradeço por todos os caminhos profissionais e pessoais que traçamos juntos. É você quem mais me estimula a aprender e aprender, a me aprofundar.

AGRADECIMENTOS

Ao término de uma jornada interrompida, que teve início há dez anos, muita coisa aconteceu, mas uma não mudou: a vontade de concluir uma etapa importante com um trabalho que pudesse trazer impacto positivo no ambiente jurídico. O tema das contratações de parcerias público-privadas e concessões, objeto deste estudo, tem sido o foco de minhas preocupações profissionais e acadêmicas.

No transcurso desse período de intensa dedicação ao estudo e de amadurecimento, recebi o apoio de diversas pessoas, a quem agradeço sinceramente. Sou grata ao parceiro de trabalho Matheus Cadedo, incansável pesquisador, com quem dividi muitos desafios neste percurso, e particularmente ao Prof. Dr. Mario Engler Pinto Junior, que me apoiou desde o início e me encorajou a retomar a pesquisa depois de tantos anos.

Lembro ainda os professores André Rosilho, Tarcila Jordão e Thaís Nicoleti de Camargo, a quem expresso meu mais profundo agradecimento pela leitura atenta e pelas riquíssimas contribuições. À Prof.ª Juliana Bornacossi Palma, referência desde o início da minha trajetória acadêmica, sempre serei grata pela inspiração e por tudo o mais.

Este trabalho não teria a qualidade esperada se não fosse o apoio e a revisão cuidadosa de Gabriel Fajardo, Daniel Pereira, Pedro Henrique Machado, Priscila Toledo e Flávia Letícia.

Agradeço muito à minha mãe, que é fortaleza, coragem, carinho e entusiasmo, e ao meu pai – professor, sonhador –, que, onde quer que esteja, nunca deixou de estar ao meu lado. À minha irmã, meu maior exemplo na academia e na vida, agradeço o aprendizado diário e a partilha dos melhores momentos. À minha avó, que tanto contribuiu para que eu acreditasse em mim mesma, e à minha tia, que se orgulha de mim só por eu existir, agradeço. Também ao meu padrasto, pai-drasto, tão amado.

Agradeço também à Julia e à Carol, minhas enteadas, que, mesmo tão novas, foram parceiras: vibraram, torceram e me apoiaram nas noites em claro e nas minhas ausências de jantares e passeios para conclusão deste livro.

Ao Felipe, cujo nascimento trouxe força para movimentar tudo o que eu conhecia e o que eu nem sabia. Ao João, já que trouxe inspiração e movimento. E ao Fernando, que é força nos momentos difíceis, calma quando tudo parece caos e amor sempre, agradeço e dedico este trabalho.

LISTA DE ILUSTRAÇÕES

Gráfico 1 – Tipos de serviço concedido 78

Gráfico 2 – Previsão de VI nos projetos de PPP 79

Gráfico 3 – Distribuição de PPPs por entes federados 80

Gráfico 4 – Contratação efetiva de VI nos projetos 82

Gráfico 5 – Forma de seleção de VIs 88

Gráfico 6 – Responsável pela contratação dos VIs 89

Gráfico 7 – Responsável pela contratação do VI (2022-2023) 90

Gráfico 8 – Modalidade de contratação pelo Poder Concedente 98

SUMÁRIO

PREFÁCIO
Milton Gomes 13

1   INTRODUÇÃO 17
1.1.   Ausência de conceito de verificação independente na legislação: esforços esparsos para definição dessa figura em manuais, contratos e regulação – desafios para definição do regime jurídico aplicável para sua contratação 19
1.2.   O Tribunal de Contas da União e uma visão sobre a atuação dos verificadores independentes 30
1.3.   O caso CONCEBRA 34
1.3.1.   Interpretação do TCU sobre os limites de atuação do VI 36
1.3.2.   O voto do Min. Relator 45
1.3.3.   O processo arbitral do caso CONCEBRA 56
1.4.   Um possível conceito para verificação independente 62

2   METODOLOGIA DE PESQUISA 69

3   O EMPREGO DO VI NOS CONTRATOS BRASILEIROS DE PPP: COMO OS CONTRATOS DE PPP TRATAM DO TEMA E COMENTÁRIOS ADICIONAIS 77
3.1.   Adesão por estados e municípios ao tema da verificação independente nas PPPs 77
3.2.   Formas de seleção e contratação dos verificadores 86
3.3.   Remuneração do verificador independente 104
3.4.   Crescimento da contratação de verificadores independentes 109
3.5.   Evolução das atividades desempenhadas pelo verificador independente 113

3.6. A evolução das atividades desempenhadas pelo verificador independente – Relação com as agências e apoio ao Poder Concedente 119
3.7. A força vinculante dos pareceres e documentos emitidos pelo verificador independente 129
3.8. Prazo dos contratos de verificação independente 139
3.9. Conflito de interesses 142

4   CONCLUSÃO 157

REFERÊNCIAS 161

POSFÁCIO
Caio Felipe Caminha de Albuquerque 173

APÊNDICE A 175

PREFÁCIO

Nos últimos anos, o cenário das parcerias público-privadas brasileiras assistiu à ascensão de uma figura cada vez mais presente na execução de contratos complexos e de longo prazo: o verificador independente. Inicialmente dedicado apenas à avaliação do desempenho e ao cálculo de contraprestações financeiras, esse profissional naturalmente passou a assumir tarefas técnicas mais amplas e especializadas, tornando-se um elemento essencial para o equilíbrio nas relações entre o poder público e a iniciativa privada.

Acompanho com interesse o desenvolvimento dessa função e vejo com satisfação que este livro aborda o tema com o aprofundamento necessário. Ele nasce de uma constatação importante e ainda pouco discutida. Apesar do crescente papel desempenhado pelos verificadores independentes em contratos espalhados pelo país, falta ao Brasil um arcabouço jurídico claro que defina com precisão suas atribuições, seus limites e responsabilidades. Essa lacuna resulta de uma prática contratual que avançou à frente da legislação, uma situação comum no campo das contratações públicas.

O tema da verificação independente ainda é recente no Brasil, onde a fiscalização sempre foi, em grande parte, atribuição exclusiva e solitária do próprio Estado. Esse modelo demanda um grande esforço financeiro por parte da administração pública, além da necessidade de constituir um corpo técnico altamente especializado e multidisciplinar. Diante desse desafio estrutural, ganha relevância a discussão sobre o conceito de *enforcement* contratual – o conjunto de mecanismos utilizados para garantir o cumprimento das obrigações assumidas nos contratos de concessão. Um sistema eficaz de fiscalização deve envolver diferentes instrumentos e agentes, sempre levando em conta a complexidade técnica das obrigações e a inevitável assimetria de informações presente nesses arranjos.

Nesse cenário, o verificador independente surge como um ator fundamental, capaz de transformar a forma como o Estado realiza a fiscalização contratual. Ao oferecer conhecimento especializado em áreas específicas, permite que o setor público concentre seus esforços em decisões estratégicas, reduzindo custos e aprimorando a gestão dos contratos.

Para além das concessões federais, o desenvolvimento da figura do verificador independente pode, sem dúvidas, impulsionar as concessões e PPPs subnacionais no Brasil, especialmente diante das dificuldades enfrentadas por estados e municípios na formação de equipes técnicas especializadas para acompanhar e fiscalizar contratos complexos. Os verificadores independentes têm potencial para atuar como terceiros imparciais que beneficiam ambas as partes contratuais: para o parceiro privado, representam garantia de imparcialidade e segurança jurídica nas avaliações; para o poder público, oferecem expertise e qualidade técnica a custos eficientes, otimizando recursos escassos. Esse arranjo equilibrado, por certo, representa um avanço na atração de investimentos privados essenciais para a infraestrutura nacional.

Isadora Chansky Cohen oferece aqui uma contribuição que vai além da análise técnica e apresenta uma reflexão ancorada na prática e nos desafios concretos do setor, fruto de dedicação a um tema ainda pouco explorado com essa profundidade. Este livro, resultado de uma pesquisa minuciosa, apresenta uma visão abrangente da situação atual da verificação independente no Brasil, construída a partir da análise de mais de duzentos contratos de PPP firmados entre 2012 e 2023. Com base nessa rica evidência prática, somada à análise de decisões dos Tribunais de Contas da União e dos estados, a obra diagnostica o cenário presente e sinaliza uma clara tendência de ampliação no uso de verificadores independentes em contratos de concessão, sem ignorar os desafios teóricos e práticos ainda a serem enfrentados para a consolidação do modelo.

Um ponto central da obra é justamente a independência do verificador. Como garantir que sua atuação permaneça imparcial quando interesses públicos e privados frequentemente colidem? Quem deve contratar e remunerar esse agente especializado? Que mecanismos são necessários para prevenir conflitos de interesse ou situações de captura? Essas são algumas das perguntas levantadas ao longo do texto, tornadas ainda mais relevantes pela análise de casos práticos que evidenciam os riscos de falhas técnicas ou de imparcialidade.

Além disso, o livro examina cuidadosamente a interação entre os verificadores independentes e as agências reguladoras. Quando essa relação é bem estruturada, fortalece não apenas a transparência técnica, mas também favorece o diálogo aberto entre poder público e iniciativa privada.

Com uma definição clara e operacional do papel do verificador independente, derivada da prática contratual e das orientações dos órgãos de controle, Isadora contribui para preencher uma lacuna conceitual e normativa. Esse avanço pode servir de base para melhorias na regulamentação, no desenho institucional e no fortalecimento da segurança jurídica dos projetos de concessão.

Tive o privilégio de acompanhar parte da trajetória da autora. Isadora Chansky Cohen alia rigor acadêmico a uma vivência prática rara nas contratações públicas. Sua atuação, tanto no setor público quanto no privado, revela uma sensibilidade especial para os impasses concretos do setor – uma qualidade que se reflete na profundidade e no realismo deste trabalho. O domínio da autora sobre os aspectos jurídicos, técnicos e econômicos das PPPs torna este livro particularmente inovador, com real potencial de influenciar positivamente o futuro da verificação independente no Brasil.

Este livro interessa a todos que lidam com a complexidade das contratações públicas – de estudantes a gestores experientes. Convido o leitor a mergulhar nesta leitura com espírito crítico e olhar construtivo. Trata-se de uma obra que informa, provoca e propõe caminhos. Uma contribuição valiosa.

Boa leitura!

Milton Gomes

INTRODUÇÃO

Nos últimos anos, tem sido cada vez mais presente, nos contratos de parceria público-privada (PPP),[1] a exigência de contratação do verificador independente (VI). Os projetos mais recentes frequentemente incluem previsões sobre a atuação desse terceiro agente, que pode desempenhar funções no auxílio à fiscalização, ao monitoramento e à gestão dos serviços e da infraestrutura concedidos à iniciativa privada.[2]

A primeira PPP brasileira que contou com o apoio de verificador independente foi o projeto da rodovia MG-050, celebrado em Minas Gerais no ano de 2008, sendo também uma das primeiras concessões patrocinadas do país.[3] De lá para cá, diversos contratos de PPP

---

[1] O termo "concessões" também será utilizado para fazer referência às parcerias público-privadas. Cf. CRISTINA, V. *A caracterização do contrato de concessão após a edição da Lei nº 11.079/2004*. 2009. Tese (Doutorado em Direito) – Faculdade de Direito, Universidade de São Paulo, São Paulo, 2009. Disponível em: https://www.teses.usp.br/teses/disponiveis/2/2134/tde-24112009-131838/pt-br.php. Acesso em: 6 nov. 2015.

[2] O interesse pelo tema surgiu a partir de trabalhos desenvolvidos pela autora no âmbito do exercício de sua atividade profissional, na ICO Consultoria. Esta empresa realiza serviços de verificação independente em mais de 10 ativos no Brasil.

[3] Sobre o tema, afirma André Junqueira: "Especificamente quanto ao verificador independente, sua atribuição, em diversos empreendimentos, está relacionada à verificação do atingimento de índices de desempenho previstos no instrumento obrigacional. Sabe-se que a Lei federal nº 11.079/2004 prevê no parágrafo primeiro de seu artigo 6º que a remuneração do parceiro privado poderá ser variável e vinculada ao seu desempenho, conforme padrões de qualidade e disponibilidade definidos no contrato. De acordo com o levantamento efetuado para elaboração deste artigo, um dos primeiros contratos de PPP a prever tal figura foi a concessão patrocinada para exploração da Rodovia MG-050 em 2007, com extensão de 372 km, para a execução dos investimentos de reestruturação asfáltica, ampliação de faixas, conservação e manutenção rodoviária. Trata-se de um dos primeiros contratos de PPP celebrados no Brasil e já previa, desde sua redação original,

previram o apoio de verificadores, nos mais diversos setores. Não existe, entretanto, uma definição legal, positivada, do VI e de suas atribuições. A figura costuma ser regulada no âmbito dos próprios contratos de PPP, que trazem em suas cláusulas previsões sobre atuação, funções, forma de seleção e remuneração.

Para uma melhor compreensão da evolução do VI e de sua incorporação nos contratos de PPP ao longo dos anos, foi realizado o mapeamento de 231 contratos de concessões patrocinadas e administrativas celebrados no Brasil ao longo de mais de uma década. O objetivo do trabalho foi avaliar a progressão dos regramentos aplicáveis ao VI nos últimos anos.

Por um conceito mais tradicional, pode-se considerar verificador independente o terceiro, contratado no âmbito de uma concessão ou PPP, com a função precípua de zelar pelo efetivo e adequado cumprimento do contrato e de seus indicadores de desempenho e qualidade, de maneira imparcial e independente, sem vínculo de subordinação técnica em relação a qualquer das partes contratuais.

Observou-se durante a pesquisa que à medida que o número de PPPs com previsão de verificador independente aumentou ao longo dos anos, o papel desse agente também se expandiu. Originalmente, 100% das PPPs que previram VI continham disposições que atribuíam a esse ator a mera responsabilidade por realizar a mensuração do desempenho da concessionária e calcular a contraprestação devida.[4] Em outras palavras, compreendia-se que as responsabilidades atribuídas a esse agente se limitavam a apoiar o Poder Concedente na mensuração

---

avaliações permanentes dos níveis de serviço do concessionário". JUNQUEIRA, A. R. As manifestações não-jurisdicionais sobre a execução de contratos celebrados pela administração pública: conteúdo, cumprimento e vinculação. *Revista da Procuradoria-Geral do Estado de São Paulo*, São Paulo, p. 18, 2023. Disponível em: https://doi.org/10.22491/0102-8065.2022.v96.1337. Acesso em: 11 out. 2024.

[4] Existem projetos de PPPs em que foi possível identificar a existência da previsão de contratação de VI, mas em que não foram localizadas as atribuições específicas a serem realizadas pelo agente (classificação "Não Identificado"). O porcentual exposto no texto excluiu os casos de atribuições não identificadas, valendo-se do rol de projetos que previram a contratação de VI e em que foi possível identificar as atribuições a serem desempenhadas por ele. Também foram excluídos do rol os contratos rescindidos ou paralisados. Em 37 (trinta e sete) das 101 PPPs que previram VI, não foi possível identificar as atribuições a serem desempenhadas por ele. Um projeto foi paralisado e outro rescindido. Do rol restante de 72 (setenta e duas) PPPs (com atribuições de VIs identificadas), a totalidade contava com VIs desempenhavam, no mínimo, alguma função de mensuração de desempenho.

dos indicadores de *performance* do privado e ao tratamento dos efeitos daí decorrentes, conforme a disciplina contratual.

1.1. Ausência de conceito de verificação independente na legislação: esforços esparsos para definição dessa figura em manuais, contratos e regulação – desafios para definição do regime jurídico aplicável para sua contratação

Essa concepção tradicional, exposta no tópico anterior, pode ser observada, por exemplo, na própria definição desse agente, constante do Manual de Parcerias do Estado de São Paulo:

> O Verificador Independente é uma entidade imparcial, não vinculada à Concessionária e nem ao Estado, que atua de forma neutra e com independência técnica, fiscalizando a execução do contrato e aferindo o desempenho da Concessionária com base no sistema de mensuração e desempenho (indicadores de qualidade) e no mecanismo de pagamento, constantes no edital.
>
> [...]
>
> Instituído para mitigar riscos e agregar valor aos contratos, o VI é responsável por auxiliar tecnicamente o Poder Concedente e a Concessionária a atingirem os objetivos da concessão. Nesse sentido, ele poderá otimizar a eficiência do sistema de monitoramento e controle de desempenho, mantendo-o alinhado com os objetivos estratégicos da contratação.
>
> O VI poderá ser encarregado da revisão dos próprios indicadores, eventualmente recomendando indicadores mais adequados e seus respectivos níveis de serviços, de forma a assegurar o melhor uso dos recursos do projeto. Ainda no que diz respeito ao monitoramento de desempenho, o Verificador Independente será o responsável por realizar as medições de qualidade dos serviços prestados, que, por sua vez, serão utilizadas para determinar o valor da remuneração da Concessionária.
>
> A remuneração variável conforme o atendimento ou não dos parâmetros de qualidade estipulados no contrato é uma das inovações do regime legal das PPPs, e consiste em um dos instrumentos indutores de eficiência sobre a prestação de serviços e voltados à garantia do cumprimento dos objetivos da contratação.[5]

---

[5] Cf. SÃO PAULO (Estado). Secretaria de Governo. *Manual de Parcerias do Estado de São Paulo*, 2016. Disponível em: https://www.parcerias.sp.gov.br/parcerias/docs/manual_de_parcerias_do_estado_de_sao_paulo.pdf. Acesso em: 3 out. 2024.

Interessante notar que essa atuação se coaduna, também, com a visão de alguns pensadores sobre o tema. Autores e profissionais do setor de infraestrutura[6] entendem que o verificador independente constitui uma espécie de "terceiro imparcial e neutro", cuja função precípua seria auxiliar o relacionamento entre o ente público e o privado. Para essa parcela da doutrina, esse ator "independente" seria necessário tão somente para promover a adequada aferição de desempenho sobre a infraestrutura e os serviços concedidos, influenciando o cálculo das contraprestações a serem pagas aos parceiros privados nas PPPs.

Esse entendimento tradicional parece ter sido acolhido pela maioria dos contratos de PPP analisados, cujas disposições acerca da atuação do verificador independente retratam, de fato, uma proposta de atuação mais contida por parte deste – com dedicação específica à mensuração do desempenho.[7] Não obstante, os projetos mais recentes parecem adotar uma visão mais abrangente acerca do papel do verificador independente, alargando as suas atribuições tradicionais, ligadas à aferição da *performance*.

Comprova essa tendência a constatação de que 44,9% dos contratos de PPP da amostra pesquisada, percentual concentrado especialmente nos anos de 2022 e 2023, atribuem ao VI funções que extrapolam a mensuração de desempenho. O próprio Manual de Parcerias do Estado de São Paulo, anteriormente citado, também assume essa visão de que os verificadores podem atuar de forma mais alargada e apoiar a gestão de PPPs:

---

[6] Conforme texto da Rede Radar PPP, por exemplo: "O verificador independente pode trazer vários benefícios, entre eles a imparcialidade e a objetividade na fiscalização. Como nas PPPs o pagamento integral de contraprestação depende da satisfação dos indicadores de desempenho, a aferição do real desempenho da concessionária possibilitará ao Poder Público pagar a contraprestação de modo proporcional, em função da qualidade do serviço prestado e aferido periodicamente, o que pode gerar mais eficiência na prestação dos serviços e incentivos corretos à concessionária". In: RADAR PPP. *O que é verificador independente?* Disponível em: https://radarppp.com/blog/verificador-independente-concessoes-ppps-afericao-desempenho/. Acesso em: 2 set. 2023.

[7] Por "mensuração de desempenho" se entendem aquelas atribuições referentes à aferição dos indicadores de desempenho previamente estabelecidos na concessão, a averiguação do bom cumprimento de obrigações contratuais, bem como a realização de medições em campo (índices e fatores de prestação de serviços), de medições de satisfação, elaboração de relatórios de desempenho e auxílio no cálculo da contraprestação a ser paga ao parceiro privado (em decorrência de sua *performance*). Os projetos com alguma dessas atribuições foram incluídos na classificação da amostra, conforme pode ser consultado no Apêndice A.

É também possível atribuir ao Verificador Independente o **papel de promover o constante alinhamento entre as partes, assegurando a integração e o fluxo racional de comunicação,** atuando de forma transparente e consistente na aferição do desempenho e **realizando a gestão de pleitos, em casos de divergência, por meio do fornecimento de informações técnicas necessárias para a sua adequada apreciação (suporte técnico).**

Outra importante competência que poderá ser atribuída ao Verificador Independente é o **monitoramento dos bens reversíveis envolvidos na concessão comum ou PPP.** É frequente nestas modalidades contratuais que determinados bens imprescindíveis para a continuidade da prestação dos serviços delegados sejam transferidos ao Poder Concedente ao fim da execução contratual. Para efetuar esta transferência, demanda-se uma análise técnica apta para verificar que os bens a serem revertidos estejam em adequadas condições de operação ao final do período do contrato.

No nível operacional, o VI pode monitorar e garantir a visibilidade do desempenho do empreendimento, permitindo o **aprimoramento da execução e a correção ágil de eventuais falhas. Além disso, o VI poderá efetuar análises de confiabilidade dos dados** produzidos pela Concessionária a respeito do desempenho da operação, garantindo a transparência do projeto.

O VI pode vir a **suportar tecnicamente eventuais ajustes nos pagamentos da Concessionária, sempre assegurando a remuneração justa,** de acordo com o estabelecido em contrato mediante a análise do desempenho dos serviços prestados.

Em termos práticos, o Verificador Independente é responsável por preparar e aplicar os fluxos de processos necessários para aferição de desempenho da Concessionária, bem como dispor de infraestrutura lógica de Tecnologia de Informação para verificação dos indicadores e consequente cálculo do pagamento a ser feito pelo Poder Concedente. **Ele poderá assumir as atividades a seguir relacionadas:** • Cálculo da variação da contraprestação pública; • Desenho dos Processos para Monitoramento e Controle do Desempenho; • Diagnóstico e Recomendação para Atualização Tecnológica; • Proposição e Operação do Sistema para Monitoramento e Controle; • Criação de Painel de Controle para Gestão de Indicadores; • Monitoramento de desempenho; • Gerenciamento de riscos; • Gestão de conhecimento; • Desenho do padrão de governança de dados; • Estabelecimento de padrões de rastreabilidade e monitoramento de dados; • Adequação do sistema de mensuração de desempenho; • Gestão dos contratos; • Estudo de viabilidade técnica e econômica; • Avaliação técnica do equilíbrio econômico-financeiro do contrato; • Cálculo dos reajustes de valores previstos no contrato; e • Realização de pesquisa de satisfação dos usuários.[8] (Grifos meus).

O caso da PPP de Escolas do Estado de São Paulo (Processo SEDUC n 378.00000070/2024-38) é um exemplo recente disso (nas cláusulas 29.1.5 e 29.1.6), conforme disposto abaixo:

> Caso o custo anual com a reparação de danos e/ou substituição dos BENS REVERSÍVEIS supere o valor indicado na Cláusula 29.1, o risco associado ao valor anual excedente deverá ser compartilhado entre as PARTES na proporção de 80% (oitenta por cento) dos custos suportados pelo PODER CONCEDENTE e 20% (vinte por cento) dos custos suportados pela CONCESSIONÁRIA.
>
> Para fins do acompanhamento da variação dos custos previsto na Cláusula 29.1, a CONCESSIONÁRIA deverá apresentar ao VERIFICADOR INDEPENDENTE, com cópia para a ARSESP, a cada ano, com relação ao exercício imediatamente anterior, relatório de custos de manutenção decorrentes de atos de vandalismo, acompanhado dos serviços de manutenção ordinários realizados pela CONCESSIONÁRIA no mesmo exercício. O VERIFICADOR INDEPENDENTE, em até 30 (trinta) dias do recebimento do relatório apresentado pela CONCESSIONÁRIA, enviará notificação à ARSESP e à CONCESSIONÁRIA se manifestando em relação aos custos adicionais incorridos pela CONCESSIONÁRIA, indicando se (i) efetivamente devem ser considerados como decorrentes de atos de vandalismo da COMUNIDADE ESCOLAR e/ou cidadãos e (ii) não pudessem ser absorvidos nos custos ordinários da CONCESSIONÁRIA nos termos do PLANO DE MANUTENÇÃO.
>
> Como resultado da análise acima, o VERIFICADOR INDEPENDENTE deverá indicar o valor que efetivamente seja excedente ao teto anual para custos com atos de vandalismo, para fins de contabilização do reequilíbrio econômico-financeiro, observada a Cláusula 29.1.5.

A cláusula contratual destacada, da PPP de Escolas do Estado de São Paulo, ilustra essa tendência presente nos contratos mais recentes. O verificador, nesse caso, é peça fundamental para o funcionamento do mecanismo de partilhamento de um risco importante do projeto (vandalismo). Ele acaba sendo um ferramental para constatação, inclusive, de situações extraordinárias eventualmente identificadas pelas partes contratantes.

---

[8] SÃO PAULO (Estado). Secretaria de Governo. *Manual de Parcerias do Estado de São Paulo*, 2016. Disponível em: https://www.parcerias.sp.gov.br/parcerias/docs/manual_de_parcerias_do_estado_de_sao_paulo.pdf. Acesso em: 1º out. 2024.

Esse terceiro agente seria reputado como ator capaz de se posicionar diante de interesses contrapostos de cada uma das partes contratuais. Para equilibrar eventuais conflitos de interesses entre as partes contratantes – Poder Público e concessionária –, o verificador independente seria um agente com certo grau de autonomia (mas, ainda assim, vinculado ao regramento contratual e sem poder decisório) para fazer uma análise técnica, em teoria imparcial e equidistante aos interesses das partes contrapostas.

O Manual para a Estruturação de Verificadores Independentes,[9] publicado pelo Governo do Estado de Minas Gerais, assim dispõe:

> A vinculação da remuneração do parceiro privado à adequada execução das obrigações contratuais demandas, além do tradicional esforço para gestão do contrato, amplo e contínuo monitoramento e controle do desempenho dos projetos de PPP.
>
> Tal papel, usualmente, **requer competências multidisciplinares e conhecimentos técnicos** específicos de cada projeto de PPP, **além de quantidade significativa de recursos humanos para sua execução.**
>
> Adicionalmente, **o fato de a interpretação e a aferição do desempenho do parceiro privado terem implicação direta sobre sua remuneração, faz com que também haja conflito de interesse em um cenário de verificação executada diretamente pelo poder público.** Isto porque, nesse cenário, o mercado privado poderia contestar a imparcialidade do processo, uma vez que o próprio Estado indicaria o valor a ser pago para o ente privado pelos seus serviços prestados. Pelo exposto, o Governo de Minas **considerou que a forma mais adequada de estruturação do Verificador Independente é a partir da contratação de uma entidade privada, assegurando independência e transparência no monitoramento e controle do desempenho do Concessionário,** de forma que ele tenha remuneração justa pela qualidade dos serviços prestados.
>
> Além disso, a **contratação de uma empresa privada assegura maior aderência à função de verificação, já que se espera que a contratada possua as competências e conhecimento adequados à característica de cada PPP,** e que ela **proveja a mão-de-obra na quantidade necessária.** Aqui, de fato, opta-se pela maior flexibilidade trazida pelo mercado privado, no que diz respeito à mobilização e aporte de conhecimento técnico". (Grifos meus)

---

[9] MINAS GERAIS. Secretaria de Estado de Desenvolvimento Econômico de Minas Gerais. *Manual para a Estruturação de Verificadores Independentes*: práticas para agregar valor aos projetos de Parceria Público-Privada. 2012. Disponível em: https://www.mg.gov.br/sites/default/files/planejamento/documentos/parcerias-publico-privadas/csb00061_book_ppp-governo_de_minas_final.pdf. Acesso em: 17 ago. 2023.

Entretanto, a despeito de um potencial protagonismo do verificador independente em alguns contratos de PPP, ainda há poucas análises acadêmicas sobre sua atuação. A doutrina acerca do tema é escassa. Da mesma forma, não existe uma legislação que consolide o que é a atividade de verificação.[10] Somente nos últimos três anos foi possível observar algum nível de regulação sobre o tema. Mas, ainda assim, são raras as normativas formais, em âmbito nacional ou regional, que disciplinam o papel que um VI pode ou deve desempenhar em uma PPP.

O Decreto nº 9.957, de 6 de agosto de 2019, que regulamenta a Lei nº 13.448.2017 (que trata dos processos de relicitação e prorrogação de contratos de concessão), traz menções, por exemplo, a empresas de auditoria que seriam contratadas pela agência reguladora para apoiar no cálculo das indenizações devidas nesses processos. Embora tenham sido denominados verificadores no decorrer dos trabalhos desenvolvidos, não parece que as atribuições dos verificadores devam se confundir com a atuação de uma empresa auditora.

Em alguns projetos, as figuras de verificadores, auditores, certificadores se confundem e sobrepõem. Mas esse tratamento pode ser decorrente, justamente, de uma lacuna de conceituação a respeito de cada uma dessas figuras.

Essa escassez de estudos e de regulamentação específica impacta especialmente os municípios menos experientes no universo de PPPs. Para esses municípios menos experimentados nesse modelo de parceria, a existência (i) de consolidação de experiências e (ii) de eventual comando normativo ou legislativo referencial poderia conferir segurança e conforto ao gestor público que optasse por se valer de verificadores em seus contratos.

---

[10] Há atualmente, em tramitação, um Projeto de Lei – de número 7.036/2017 – que, pela primeira vez, propõe um conceito de verificação. De acordo com a redação aprovada em regime de urgência pela Comissão Especial da Câmara: *"Para os fins desta Lei, considera-se verificador independente a pessoa jurídica, preferencialmente acreditada por entidade nacional de acreditação, incumbida da realização de atividades de inspeção, ensaio, auditoria, certificação ou qualquer outra forma de avaliação de conformidade e de desempenho, com a finalidade de verificar o atendimento a requisitos técnicos, normativos, contratuais ou legais previamente estabelecidos".* E, ainda: *"A contratação e pagamento dos serviços do verificador independente poderá ser realizada pelo poder concedente ou pela concessionária".* Embora haja um reconhecimento importante das atividades de verificação, esse primeiro esforço ainda não foi transformado em Lei. Ainda, há questões importantes que deveriam ser mais bem debatidas sobre o conceito apresentado pelo PL 7.063/2017, as quais serão, inclusive, tangenciadas no decorrer deste livro.

Nesse contexto, um resultado da pesquisa chama a atenção: os municípios pequenos[11] (com menos de 200 mil habitantes) respondem por 77 contratos da amostra. Em apenas 28,6% desses contratos foi possível constatar a exigência de contratação de um verificador independente. Esse percentual contrasta com os cenários dos estados e dos municípios maiores, que demonstram uma adesão muito mais intensa à figura do verificador. Nos municípios com mais de 200 mil habitantes e nas capitais, o percentual de projetos estruturados que previram VI foi de pelo menos 53,6%, enquanto, nos projetos de estados, 62% tinham previsão de contratação desse ator. Por outro lado, a inexistência de regramentos taxativos permite também certa flexibilidade para que os gestores públicos avaliem a melhor medida para enquadrar esse ator nas particularidades de cada dinâmica estadual ou municipal.

A falta de regramento específico, porém, gera dúvidas, por exemplo, sobre o regime jurídico aplicável ao verificador independente. Há quem sustente[12] que sua contratação seria fundamentada expressamente no artigo 67[13] da antiga lei de licitações (a Lei nº 8.666/93, que esteve vigente pelos anos em que o levantamento empírico foi realizado). Ocorre que o referido artigo trata de contratações realizadas

---

[11] Esse foi o grupo que menos aderiu à contratação de verificadores em comparação com (i) capitais, (ii) municípios maiores (com mais de 200 mil habitantes) e (iii) estados.

[12] Maria Tereza Fonseca Dias e Maria Elisa Braz Barbosa destacam o seguinte: "O VI refere-se a '[...] um terceiro ator no cenário de execução contratual da parceria público-privada, que possa realizar a avaliação de desempenho do concessionário de forma íntegra e transparente, também conferindo imparcialidade ao processo'. Ele é instituído 'para mitigar riscos e agregar valor aos contratos', sendo 'responsável por auxiliar tecnicamente o Poder Concedente e a Concessionária a atingirem os objetivos da concessão' [...]. Imperioso ressaltar que o fundamento legal para a sua contratação se extrai do *caput* do art. 67 da Lei nº 8.666/1993". [A primeira citação é extraída do *Manual para a Estruturação de Verificadores Independentes:* práticas para agregar valor aos projetos de Parceria Público-Privada, cit., e a segunda, do *Manual de Parcerias do Estado de São Paulo*, cit. *In:* DIAS, M. T. F.; BARBOSA, M. E. B. *Parcerias Público-Privadas na saúde:* análise comparativa da experiência do Brasil e do Reino Unido. Minas Gerais: Expert Editora, 2021. p. 166-167. Disponível em: https://pos.direito.ufmg.br/downloads/Parcerias-Publico-Privadas-na-saude.pdf. Acesso em: 12 out. 2024.

[13] "Art. 67. A execução do contrato deverá ser acompanhada e fiscalizada por um representante da Administração especialmente designado, permitida a contratação de terceiros para assisti-lo e subsidiá-lo de informações pertinentes a essa atribuição. §1º O representante da Administração anotará em registro próprio todas as ocorrências relacionadas com a execução do contrato, determinando o que for necessário à regularização das faltas ou defeitos observados. §2º As decisões e providências que ultrapassarem a competência do representante deverão ser solicitadas a seus superiores em tempo hábil para a adoção das medidas convenientes". *In:* BRASIL. Lei nº 8.666, de 21 de janeiro de 1993. Regulamenta o art. 37, inciso XXI, da Constituição Federal, institui normas para licitações e contratos da Administração Pública e dá outras providências. Disponível em: http://www.planalto.gov.br/ccivil_03/leis/l8666cons.htm. Acesso em: 19 set. 2024.

diretamente pelo Poder Concedente. Talvez até mesmo por isso os prazos de vigência dos contratos com o verificador independente têm sido, no máximo, de 5 anos. Até o Tribunal de Contas da União já manifestou opinião sobre isso, conforme se apresentará.

O que se verá a seguir, no entanto, é que, em grande parte dos casos, a contratação do verificador independente tem sido feita pelas concessionárias – embora sua atuação aproveite as duas partes contratantes. E, se a contratação é feita pela concessionária, não parece coerente que sua moldura seja ditada pela lei de contratações públicas.

O interessante é notar que, da pesquisa realizada, foram poucos os achados sobre uma eventual ilegalidade da contratação do VI. Em algumas decisões do TCU, foi reproduzida uma orientação expressa para que a contratação fosse feita pelo Poder Concedente. Mas mesmo essas decisões foram revistas no âmbito da própria Corte de contas, que flexibilizou a contratação pela concessionária, acompanhada de outras recomendações sobre ela.[14] Essa flexibilidade de contratação parece estar mesmo mais alinhada com conceitos modernos de contratação pública, mais aderentes às tendências refletidas nas leis de concessões, na LINDB (Lei de Introdução às Normas do Direito Brasileiro)[15] e na própria nova Lei de Licitações (nº 14.133/2021).[16]

---

[14] Vide Acórdãos nº 1.766/2021-TCU-Plenário, relatoria do Ministro Walton Alencar Rodrigues, e nº 1.769/2021-TCU-Plenário, relatoria do Ministro Raimundo Carreiro. No mesmo sentido, o Acórdão n. 2534/2022, TCU – Plenário, que apontou as seguintes condicionantes para a contratação de VI por parte da concessionária: (i) estipulação de prazo máximo para a atuação da sociedade contratada como VI, (ii) previsão de ampla divulgação dos documentos e análises produzidas pelo VI, mediante publicação em sítio na internet, (iii) tipificação de sanções administrativas à concessionária e ao VI em caso de conluio, além de possíveis cominações cíveis e penais em âmbito judicial, dentre outras.

[15] A LINDB, em seu art. 20, enfatiza a necessidade de decisões administrativas que considerem as consequências práticas e busquem soluções que promovam a segurança jurídica e a eficiência administrativa. Assim, a flexibilização na contratação de VIs pelas concessionárias, reconhecida pelas decisões mais recentes do Tribunal de Contas da União (TCU), alinha-se com esses princípios ao permitir arranjos contratuais que melhor atendam aos interesses públicos envolvidos.

[16] A nova Lei de Licitações e Contratos Administrativos (Lei nº 14.133/2021) incorpora dispositivos que evidenciam a flexibilidade de contratação defendida no texto, alinhando-se aos conceitos modernos de contratações públicas. Por exemplo, a lei introduz as modalidades de contratação integrada e semi-integrada (art. 46, incisos I e II), que permitem à administração pública contratar, em um único processo, desde o projeto básico até a execução da obra, conferindo maior liberdade ao contratado para definir métodos e tecnologias mais eficientes. Além disso, a lei prevê o diálogo competitivo (art. 32), que permite à administração dialogar com potenciais licitantes para desenvolver soluções inovadoras antes da apresentação das propostas. A legislação também amplia os critérios de julgamento das propostas, permitindo a adoção do critério de melhor relação qualidade-preço (art. 33, inciso V), incentivando soluções que não se baseiem apenas no menor preço, mas que agreguem valor pela qualidade técnica.

Dado o cenário de escassez legal e regulamentar, os próprios contratos das PPPs é que têm dado o contorno da atuação do verificador. Em alguns raros casos, como o da AGEMS (Agência Estadual de Regulação de Serviços Públicos de Mato Grosso do Sul) e o da ANTT (Agência Nacional de Transportes Terrestres),[17] as agências reguladoras estabeleceram arcabouço regulatório sobre a caracterização, a forma e os requisitos para sua seleção e sobre os limites da atuação do verificador independente.

A Agência Nacional de Águas (ANA) tangenciou o tema da verificação independente na Norma de Referência ANA nº 3, que dispõe sobre metodologia de indenização de investimentos realizados e ainda não amortizados ou depreciados dos contratos de prestação de serviços de abastecimento de água e esgotamento sanitário.[18] De acordo com o

---

[17] Também o Ministério de Transportes editou recente regulamento que prevê a figura de verificador independente para realizar atividades no âmbito de contratos de concessões ferroviárias. A Portaria nº 532, de 5 de junho de 2024, estabelece o seguinte: "Art. 10. O acompanhamento e a fiscalização pela ANTT dos contratos prorrogados deverão contar com apoio de verificadores independentes. §1º Os verificadores independentes serão contratados preferencialmente pela Infra S.A. §2º As Concessionárias serão responsáveis pelo ressarcimento dos custos da contratação dos verificadores independentes. §3º As Concessionárias deverão apresentar à ANTT e aos verificadores independentes contratados relatórios anuais de suas atividades operacionais e econômico-financeiras, para fins de verificação de conformidade da operação das concessões e do cumprimento das obrigações contratuais". In: BRASIL. Ministério dos Transportes. Portaria nº 532, de 5 de junho de 2024. Estabelece diretrizes para a prorrogação antecipada das concessões de serviço público de transporte ferroviário. Disponível em: https://www.in.gov.br/en/web/dou/-/portaria-n-532-de-5-de-junho-de-2024-*-566618917. Acesso em: 16 nov. 2024. Ainda, o art. 17, parágrafo único, da Portaria MT nº 995, de 17 de outubro de 2023, que institui a Política Nacional de Outorgas Rodoviárias, trouxe disposições importantes sobre a contratação de verificadores independentes. Cf. BRASIL. Ministério dos Transportes. Portaria nº 995, de 17 de outubro de 2023. Institui a Política Nacional de Outorgas Rodoviárias no âmbito do Ministério dos Transportes e de suas entidades vinculadas. Disponível em: https://www.lex.com.br/portaria-mt-no-995-de-17-de-outubro-de-2023/. Acesso em: 16 nov. 2024.

[18] Embora a norma não trate do tema com a denominação "Verificação Independente", é possível inferir que as menções a pessoa jurídica especializada independente e a entidade independente contratada pelo prestador do serviço e homologados pela ERI se refiram a verificadores independentes. Essa conclusão se deve, também, às falas da atual presidente da ANA, Verônica Sanchez, em entrevista concedida ao INFRACAST. Cf. BRASIL. Ministério da Integração Nacional e do Desenvolvimento Regional. Agência Nacional de Águas e Saneamento Básico (ANA). Resolução nº 161, de 3 de agosto de 2023. Aprova norma de referência ANA nº 3, que dispõe sobre metodologia de indenização de investimentos realizados e ainda não amortizados ou depreciados dos contratos de prestação de serviços de abastecimento de água e esgotamento sanitário. Disponível em: https://www.gov.br/ana/pt-br/legislacao/resolucoes/resolucoes-regulatorias/2023/161. Acesso em: 16 nov. 2024.
Cf. também INFRACAST. A importância da ANA na gestão de recursos hídricos, com Verônica Sanchez (presidente da ANA). Verônica Sanchez, presidente da ANA, discute

normativo, a empresa independente – contratada pelo operador dos serviços de saneamento e chancelada pela agência reguladora – deverá apoiar o cálculo do Valor Novo de Reposição, que será a base para eventuais indenizações devidas aos operadores de saneamento.

Mas foi, por exemplo, no âmbito das regulações trazidas pela ANTT e pela AGEMS que surgiram provocações importantes para este trabalho. No caso da ANTT, os regulamentos apresentam alguma evolução sobre a temática do verificador. Em um curto espaço de tempo – de 2022 a 2023 –, as normativas registraram transformações que parecem refletir a consolidação de uma visão de atuação mais protagonista para esse ator.

A Resolução nº 6.000, de 1º de dezembro de 2022, da ANTT, já trazia, originalmente, regramento sobre as atividades de verificação. Entretanto, foi somente a partir das alterações trazidas pela Resolução nº 6.032/2023/DG/ANTT/MT que o verificador passou a poder, expressamente, desempenhar atividades como as seguintes:

> I - aferição do cumprimento de obrigações contratuais, como avanço de obras obrigatórias e atendimento a parâmetros técnicos e de desempenho; (Acrescentado pela Resolução 6032/2023/DG/ANTT/MT); II - avaliação da consistência de informações contábeis; (Acrescentado pela Resolução 6032/2023/DG/ANTT/MT); III - cálculo de indenizações de qualquer natureza; (Acrescentado pela Resolução 6032/2023/DG/ANTT/MT); IV - análise do estado de conservação de obras supervenientes do Poder Concedente transferidas para a concessão; (Acrescentado pela Resolução 6032/2023/DG/ANTT/MT); V - emprego de outros mecanismos da regulação e do contrato de concessão. (Acrescentado pela Resolução 6032/2023/DG/ANTT/MT).

O arcabouço regulatório tratado nos anos mais recentes no âmbito dessas duas agências reguladoras trouxe questionamentos que serviram para formatar algumas dúvidas e também conclusões desta pesquisa, em especial quanto a estes temas: (i) o rol de atividades que podem ser prestadas pelo verificador independente; (ii) os limites de atuação desse ator, em especial quando há interação com Agências

---

o impacto do novo Marco do Saneamento, as concessões, PPPs, e a adaptação das agências reguladoras. Abordamos neste episódio a atuação da ANA diante das mudanças climáticas e a importância da infraestrutura sustentável para a segurança hídrica no Brasil. YouTube, 30 set. 2024. Disponível em: https://www.youtube.com/watch?v=_n4tJg9Xv6A. Acesso em: 2 out. 2024.

Reguladoras; (iii) eventual conflito de interesses; e, ainda, (iv) a força vinculante das recomendações do verificador.

Ilustração interessante desses pontos é extraída da definição de VI contida no projeto de concessão da Infovia Digital, regulado pela AGEMS, no Estado de Mato Grosso do Sul:

> O Verificador Independente é a pessoa jurídica de direito privado contratada para monitorar e aferir o desempenho do Parceiro Privado, auxiliar o Poder Concedente na fiscalização, dentre outras atribuições na forma da lei e do contrato, e que esteja apta a atuar com total imparcialidade e independência frente às partes. – (Contrato nº 02/2022[19] da PPP de Infovia Digital de Mato Grosso do Sul).

Um dos anexos do contrato ainda complementa o conceito, dispondo o seguinte:

> O Verificador Independente não substitui o Poder Concedente na função de fiscalização, devendo desenvolver sua atuação em colaboração com o Poder Concedente e o Parceiro Privado, promovendo a integração das equipes e o alinhamento em relação às melhores práticas a serem adotadas. O Verificador Independente exercerá sua atividade por meio de auditorias e visitas técnicas, podendo solicitar ao Poder Concedente ou ao Parceiro Privado quaisquer informações no âmbito do Contrato de Concessão. O Verificador Independente auxilia o Poder Concedente nas atividades de fiscalização, proporcionando a segurança necessária ao Parceiro Privado por se tratar de avaliação de desempenho independente. A atuação do Verificador Independente contribui para o controle e garantia da consistência das informações, possibilitando a manutenção de serviços públicos de qualidade e assegurando o retorno financeiro adequado ao Parceiro Privado. ANEXO VI.C[20] do contrato infovia digital de Mato Grosso do Sul.

A partir do exame da amostra, avaliou-se a disciplina contratual que dá forma à atuação do verificador independente no Brasil. Com isso é possível averiguar como as atribuições do VI vêm evoluindo nos últimos anos e apresentar comentários sobre eventuais aprimoramentos do modelo.

---

[19] MATO GROSSO DO SUL. *Contrato PPP Infovia Digital*. Gov.br. Disponível em: https://www.epe.segov.ms.gov.br/contrato-ppp-infovia-digital/. Acesso em: 19 set. 2024.

[20] MATO GROSSO DO SUL. *Contrato PPP Infovia Digital*. Gov.br. Disponível em: https://www.epe.segov.ms.gov.br/contrato-ppp-infovia-digital/. Acesso em: 19 set. 2024.

1.2. O Tribunal de Contas da União e uma visão sobre a atuação dos verificadores independentes

Os resultados relacionados ao levantamento empírico serão complementados também com as conclusões sobre a pesquisa de jurisprudência realizada. O tratamento que o Tribunal de Contas da União (TCU) confere ao tema da verificação independente ganha destaque nesse contexto. Embora tenham sido pesquisadas outras cortes (tanto de contas quanto judiciais), foi somente no âmbito do TCU que o tema da verificação foi abordado com alguma profundidade, tendo a Corte de controle tecido considerações mais específicas sobre esse ator.[21]

Os julgados do Tribunal de Contas da União estabelecem certos contornos sobre o uso e a previsão da figura do VI. Foram avaliados 10 (dez) acórdãos, a saber: Acórdão nº 2.472/2020, Acórdão nº 4.036/2020, Acórdão nº 4.037/2020, Acórdão nº 498/2021, Acórdão nº 1.766/2021, Acórdão nº 1.769/2021, Acórdão nº 2.804/2021, Acórdão nº 2.147/2022, Acórdão nº 2.534/2022 e Acórdão nº 2.382/2024. As decisões pesquisadas mostraram que os posicionamentos do TCU oscilaram nos últimos anos. Em apenas dois anos, os conselheiros manifestaram diversos pontos de vista, nem sempre convergentes, sobre a atuação do verificador independente.

Em face dos contrastes nas orientações do TCU – ora para permitir a atuação do VI, ora para reputá-la como ilegal (ou eivada de vícios)[22] –, o que se infere das decisões mais recentes é que a contratação desse ator pode ser feita, mas deve sujeitar-se a algumas limitações, que dizem respeito, em especial, à manutenção do seu caráter de independência. Em suma, a moldura de requisitos estabelecidos recentemente pelo TCU visa a estabelecer regras para assegurar que não haverá conflito de interesses na atuação do VI.

---

[21] Para além do TCU, a pesquisa de jurisprudência apenas retornou resultados para dois únicos casos no estado de Mato Grosso e no estado do Rio de Janeiro, os quais teceram importantes contribuições sobre o tema da seleção de verificadores.

[22] O Acórdão nº 4.036/2020 mostra o posicionamento contrário do TCU sobre a contratação de "Relator Independente", sob o argumento de que não se enquadraria no permissivo legal existente, não atenderia ao princípio da eficiência, além de que usurparia as competências da Agência de proceder à revisão e ao reajuste de tarifas e de fiscalizar a prestação dos serviços e de manutenção dos bens delegados. Cf. BRASIL. Tribunal de Contas da União. *Acórdão n. 4036/2020*. Processo de desestatização para acompanhar a outorga de concessão dos trechos das rodovias federais BR153/TO/GO e BR-080/414/GO. Relator: Vital do Rêgo, 8 de dezembro de 2020. Disponível em: https://pesquisa.apps.tcu.gov.br/documento/acordao-completo/*/NUMACORDAO%253A4036%2520ANOACORDAO%253A2020%2520COLEGIADO%253A%2522Plen%25C3%25A1rio%2522/DTRELEVANCIA%2520desc%252C%2520NUMACORDAOINT%2520desc/0. Acesso em: 12 out. 2024.

Em setembro de 2020, por meio do Acórdão nº 2.472/2020, o TCU reconheceu a possibilidade de o projeto incluir um "verificador independente", desde que observadas algumas condicionantes, a serem previstas nos documentos jurídicos que regem a licitação e o contrato de concessão. Conforme a decisão, o verificador independente é uma "empresa contratada para auxiliar no acompanhamento e fiscalização da execução do contrato de concessão".[23] Para realizar essa função, suas tarefas primordiais seriam as seguintes: (i) realizar o exame de conformidade dos indicadores que compõem o Sistema de Mensuração de Desempenho; (ii) apurar o valor a ser repassado para o Poder Concedente a título de Outorga Variável; (iii) efetuar o cálculo dos reajustes de valores previstos no contrato; (iv) avaliar o equilíbrio econômico-financeiro do contrato; e (v) produzir um parecer técnico sobre as solicitações de recomposição desse equilíbrio.

Além da definição do papel do verificador independente, o TCU validou o modelo, disposto no edital do projeto, que determinou à licitante vencedora da concessão a apresentação, prévia à assinatura do contrato, de três empresas passíveis de atuar como verificador independente. O objetivo de estabelecer esse procedimento de contratação seria diminuir o risco do início intempestivo do contrato de concessão por ausência de uma empresa encarregada de balizar o cumprimento do contrato. Assim, a empresa escolhida pelo Poder Concedente, entre as três opções apresentadas, deveria ser contratada pela concessionária em até 90 dias depois da assinatura do contrato, podendo atuar como VI pelo período máximo de cinco anos, sem possibilidade de recontratação. Nesse sentido, ressaltou a decisão:

> O Verificador Independente será uma empresa contratada para auxiliar no acompanhamento e fiscalização da execução do contrato de concessão. A licitante vencedora deverá indicar, **previamente à assinatura do contrato, três empresas passíveis de serem Verificador Independente (item 21.3.d. do Edital - peça 3, p. 69, e cláusula 22.4 da minuta de contrato - peça 4, p.48 e 49)**. A empresa escolhida entre essas três, pelo Poder Concedente, deverá ser contratada pela concessionária até 90 dias depois da assinatura do contrato. Uma mesma empresa

---

[23] BRASIL. Tribunal de Contas da União. *Acórdão nº 2.472/2020*. Plenário. Relator: Ministro Walton Alencar Rodrigues. Processo TC 011.535/2020-2. Ata 35/2020. Brasília, DF, Sessão 16/9/2020. Disponível em: https://pesquisa.apps.tcu.gov.br/documento/acordao-completo/2472%252F2020/%2520/DTRELEVANCIA%2520desc%252C%2520NUMACORDAOINT%2520desc/0 . Acesso em: 16 ago. 2023.

poderá atuar como Verificador Independente por, no máximo, cinco anos, sem possibilidade de recontratação para o período subsequente (cláusulas 22.8 e 22.25 da minuta de contrato - peça 4, p. 50 e 53). [...]. (Grifos meus)

No contexto apresentado, o TCU validou a figura do VI, bem como sua seleção por meio de lista tríplice, com escolha pelo Poder Concedente e contratação pela Concessionária. Todavia, ainda em 2020 e também em 2021, os acórdãos nº 4.036/2020, nº 4.037/2020 e nº 498/2021, em síntese, evidenciaram posicionamento contrário do TCU. Naqueles casos, foi recomendada a exclusão do "verificador independente" das minutas dos contratos dos respectivos projetos.

Entretanto, em 2021, o TCU reconheceu a possibilidade de previsão das entidades verificadoras em dois outros acórdãos. Os acórdãos nº 1.766/2021 e nº 1.769/2021 admitiram a previsão de um "Organismo de Avaliação de Conformidade" nas concessões, figura que mimetiza a atuação de um "verificador independente". O TCU definiu condicionantes que deveriam ser seguidas na contratação desse "Organismo de Avaliação de Conformidade".[24]

---

[24] Conforme trecho da decisão: [...] "9.1.4. adote medidas efetivas, especialmente as discriminadas a seguir, para que os documentos e pareceres elaborados pelo OAC para serem utilizados nas tomadas de decisão acerca do cumprimento das obrigações da concessionária sejam validados pelo órgão técnico do poder concedente, que não deverá estar vinculado às conclusões do OAC e responderá solidariamente por eventuais irregularidades, em atendimento ao disposto no art. 67 c/c o art. 124, da Lei 8.666/1993; no art. 37 da CF/88; nos art. 24, incisos VII e VIII, e 26, inciso VII, inciso VII, da Lei 10.233/2001; nos art. 6º, 25, §2º, 29 e 30, parágrafo único da Lei 8.987/1995; 9.1.4.1 suprima a denominação 'independente'; 9.1.4.2. preveja ampla transparência aos pareceres emitidos pelo OAC, oportunizando às associações de usuários das rodovias concedidas apresentarem contestações, dentro de prazo preestabelecido, de maneira a facilitar o acesso às informações relevantes e fortalecer o controle social na concessão rodoviária; 9.1.4.3. estabeleça com clareza as condições de habilitação para atuação como OAC, atentando para o princípio da isonomia e para a obediência a normas de compliance;9.1.4.4. preveja expressamente que eventual comprovação de conluio para atuação fraudulenta do OAC importará em sanções administrativas para a concessionária e para o Organismo, além das possíveis cominações cíveis e penais no âmbito judicial e da comunicação obrigatória à entidade credenciadora. [...] .9.1.5. estabeleça mecanismos para redução dos conflitos de interesses na contratação do OAC que deverá atuar na concessão objeto destes autos, a exemplo da sistemática definida no Acórdão 2472/2020-TCU-Plenário; 9.1.6. adote medidas efetivas, especialmente as discriminadas a seguir, para que os documentos e pareceres elaborados pelo OAC para serem utilizados nas tomadas de decisão acerca do cumprimento das obrigações da concessionária, sejam validados pelo órgão técnico do poder concedente, que não deverá estar vinculado às conclusões do OAC e responderá solidariamente por eventuais irregularidades, em atendimento ao disposto no art. 67 c/c o art. 124, da Lei 8.666/1993; no art. 37 da CF/88; nos art. 24, incisos VII e VIII, e 26, inciso VII, inciso VII, da Lei 10.233/2001; nos art. 6º, 25, §2º, 29 e 30, parágrafo único da Lei 8.987/1995;

Novamente, por meio dos acórdãos nº 2.804/2021, nº 2.147/2022 e nº 2.534/2022,[25] o TCU reafirmou seu posicionamento, ao seguir a mesma metodologia definida nos acórdãos nº 1.766/2021 e nº 1.769/2021, permitindo, portanto, a contratação da figura do "verificador independente", observadas as mesmas condicionantes já mencionadas.

No período entre 2019 e 2022, o TCU teve posições diversificadas, mas os acórdãos mais recentes parecem apontar para um entendimento de que não há ilegalidade na contratação do verificador, mesmo quando esta é feita pela concessionária. Ainda, as considerações apresentadas pela Corte ao longo dos anos mostram preocupação quanto à (i) proteção contra conflitos de interesses e (ii) quanto à não sobreposição de competências com as agências e Poder Concedente. Os normativos mais recentes das Agências Reguladoras em âmbito federal – notadamente a ANTT e a ANA (já citadas) – de alguma forma têm refletido as posições mais recentes do Tribunal de Contas.

A orientação do TCU parece apontar para a utilização de verificadores independentes como instrumentos de apoio à gestão contratual: fonte de subsídios técnicos ao tomador de decisão, instrumentalização de processos e justificação de decisões que devem ser tomadas no âmbito de concessões. E mais: as decisões do TCU, ainda que não sejam

---

9.1.6.1 suprima a denominação 'independente'; 9.1.6.2. preveja ampla transparência aos pareceres emitidos pelo OAC, oportunizando às associações de usuários das rodovias concedidas apresentarem contestações, dentro de prazo preestabelecido, de maneira a facilitar o acesso às informações relevantes e fortalecer o controle social na concessão rodoviária; 9.1.6.3. estabeleça com clareza as condições de habilitação para atuação como OAC, atentando para o princípio da isonomia e para a obediência a normas de compliance; 9.1.6.4. preveja expressamente que eventual comprovação de conluio para atuação fraudulenta do OAC importará em sanções administrativas para a concessionária e para o Organismo, além das possíveis cominações cíveis e penais no âmbito judicial e da comunicação obrigatória à entidade credenciadora.; 9.1.7. estabeleça norma no sentido de que apenas os OAC credenciados pela agência reguladora possam ser contratados pelas concessionárias, fixando requisitos rígidos de formação e capacidade, vedada a participação de entidades que já receberam punição pelo Poder Público, ou que, a qualquer tempo, percam a condição de credenciada pela agência reguladora; [...]24]". (Grifos meus). In: BRASIL. Tribunal de Contas da União. *Acórdão nº 1.769/2021*. Plenário. Relator: Ministro Raimundo Carreiro. Processo TC 028.116/2020-8. Ata 28/2021. Brasília, DF, Sessão 28/7/2021. Disponível em: https://pesquisa.apps.tcu.gov.br/documento/acordao-completo/*/NUMACORDAO%253A1769%2520ANOACORDAO%253A2021%2520COLEGIADO%253A%2522Plen%25C3%25A1rio%2522/DTRELEVANCIA%2520desc%252C%2520NUMACORDAOINT%2520desc/0. Acesso em: 22 ago. 2023.

25. BRASIL. Tribunal de Contas da União. *Acórdão nº 2.534/2022*. Plenário. Relator: Ministro Benjamin Zymler. Processo TC 010.212/2022-1. Ata 24/2022. Brasília, DF, Sessão 23/11/2022. Disponível em: https://pesquisa.apps.tcu.gov.br/documento/acordao-completo/%2522verificador%2520de%2520conformidade%2522/%2520/DTRELEVANCIA%2520desc%252C%2520NUMACORDAOINT%2520desc/1. Acesso em: 16 ago. 2023.

vinculantes sobre entes subnacionais, podem influenciar gestores e controladores nos estados e municípios e servir de referência para eles. Naqueles contextos, agências reguladoras e as próprias equipes administrativas que conduzem projetos de PPP poderiam se beneficiar da presença de uma entidade dotada de competência técnica sobre a matéria para apoiar os processos de tomada de decisão e, até mesmo, para assegurar o ritmo do processamento de tais decisões.

Porém, chamou a atenção o posicionamento do TCU no Processo TC 005.373/2022-0. Naquela ocasião, foi criticada a indenização calculada pelo verificador independente para viabilizar a repactuação da Concessão da CONCEBRA, no âmbito dos processos conduzidos pela SECEX Consenso.

Dada a relevância do caso, é apresentada, no subitem subsequente, uma breve contextualização da complexidade do caso CONCEBRA e de seus principais desdobramentos.

1.3. O caso CONCEBRA

Merece especial destaque um julgado recente do TCU, que diz respeito, dentre outras coisas, à atuação do VI no contrato de concessão da rodovia BR-060/153/262/DF/GO/MG (rotas Sertaneja e do Zebu), administrada pela Concessionária das Rodovias Centrais do Brasil S.A. (CONCEBRA), celebrado na 3ª etapa do Programa de Concessões de Rodovias Federais (Procofre), no ano de 2014.

A concessão da CONCEBRA é um caso emblemático que discutiu, com maior profundidade, os limites de atuação de um VI, inclusive no tratamento de eventuais intercorrências contratuais (como são os pleitos de reequilíbrio econômico-financeiro). O caso foi objeto do processo nº 005.373/2022-0, no TCU e, atualmente, também conta com discussões em procedimentos arbitrais.

A concessão sofreu com uma série de intercorrências que inviabilizaram ou prejudicaram o cumprimento das obrigações contratuais e de investimentos da rodovia. Inicialmente, a tentativa de financiamento do projeto pelo Banco Nacional de Desenvolvimento Econômico e Social (BNDES) foi frustrada em fevereiro de 2016. Também houve atrasos com a obtenção de licenças ambientais para realização de obras nos trechos concedidos. Além disso, o contrato esteve inserido no âmbito de algumas circunstâncias macroeconômicas complexas – como restrições fiscais e de crédito, em função de crises econômicas, políticas e institucionais: desdobramentos da Operação Lava Jato, *impeachment* presidencial e cenário econômico brasileiro dos anos 2014 e 2015. Ainda, sofreu com impactos decorrentes da pandemia de covid-19, que culminou na frustração das expectativas e projeções de receitas de pagamentos dos usuários da rodovia.

Com a edição da Lei federal nº 13.448/2017 (Lei das relicitações), a concessionária expressou o seu desejo de promover a relicitação das rotas Sertaneja e do Zebu, medida que foi possibilitada pela regulamentação da legislação e que culminou com a assinatura do 2º termo aditivo ao contrato de concessão.

O referido aditivo, por sua vez, previu a necessidade de contratação de um verificador independente, responsável pelo acompanhamento do processo de relicitação, do cumprimento das obrigações assumidas no termo aditivo, em especial sobre as condições financeiras da sociedade de propósito específico (SPE), bem como da realização de cálculo da indenização devida à concessionária por bens reversíveis e não amortizados, refletindo as determinações do parágrafo único do art. 7º e §3º do art. 11 do Decreto nº 9.957/2019 e no art. 14 da Resolução ANTT 5.860/2019.

No ano de 2023, após algum atraso, a contratação foi efetivada pela empresa Infra S.A., [26] tendo sido selecionada a empresa de Ernst & Young Assessoria Empresarial (EY ou Verificadora Independente) para realização das seguintes atividades: (i) identificação e avaliação dos bens reversíveis e não reversíveis; (ii) inventário e avaliação dos ativos tangíveis e intangíveis; (iii) análise e avaliação dos investimentos (obras e melhorias) planejados e executados durante a concessão; (iv) avaliação das obras em andamento; (v) acompanhamento das obrigações assumidas no aditivo; (vi) avaliação da situação financeira da SPE; (vii) revisão e certificação das informações apresentadas pela Concessionária; e (viii) cálculo da indenização para os investimentos vinculados a bens reversíveis que não estivessem depreciados ou amortizados.

O inícios dos trabalhos do VI trouxe à tona alguns questionamentos sobre os trabalhos desenvolvidos e sobre os limites de atuação do verificador.

---

[26] Foi firmado um convênio de cooperação técnica e administrativa entre a ANTT e a antiga Empresa de Planejamento e Logística (EPL), atualmente INFRA S.A., conforme consta no Convênio SEI nº 5960519 (RDA-004), para que a Empresa Pública realizasse a contratação de uma empresa de verificação independente.

1.3.1. Interpretação do TCU sobre os limites de atuação do VI

O TC 005.373/2022-0[27] surgiu a partir de um processo de auditoria, conduzido pela Corte de Contas federal, que acompanhou o processo de relicitação da BR-060/153/262/DF/GO/MG, conforme adiantado no tópico anterior. Esse procedimento se desenvolveu a partir da assinatura do 2º termo aditivo ao contrato de concessão que, além da necessidade de relicitação, reconheceu a necessidade de se pagar uma indenização à concessionária, vinculada aos bens reversíveis e não amortizados ou depreciados (em conformidade a metodologia disposta na Resolução ANTT 5.860/2019).

O referido termo aditivo previa a necessidade de contratação de um verificador independente (objeto do processo administrativo SEI 50500.216378/2022-84, conduzido pela INFRA S.A). Realizado o procedimento de contratação, foi selecionado o verificador independente (a empresa EY), que ficaria responsável por calcular a indenização devida à concessionária e fiscalizar o cumprimento do aditivo assinado (em relação às obrigações mínimas de investimento, aplicáveis à concessionária, enquanto o pleito de relicitação não era concluído).

A ANTT, entretanto, passou a questionar as análises, metodologias e os cálculos realizados pelo VI na indenização devida à concessionária. A partir disso, a matéria se tornou objeto de análise do TCU, que, por meio da Unidade de Auditoria Especializada em Infraestrutura Rodoviária e Aviação Civil (AudRodoviaAviação), produziu relatório que foi adotado pelo Min. Walton Alencar Rodrigues (relator do caso na Corte).

Em síntese, a EY calculou o montante de R$ 1,258 bilhão a título de valor indenizatório pelos bens reversíveis e não amortizados. Em manifestação, a ANTT avaliou que o valor calculado pelo VI refletiria sobrepreços incompatíveis com as práticas de mercado e com os dados técnicos dos investimentos realizados na rodovia concedida.

Diante de tais alegações, a Unidade Técnica do TCU realizou análise própria, apontando aparentes incongruências e falhas técnicas

---

[27] BRASIL. Tribunal de Contas da União. *TC 005.373/2022-0*. Plenário. Relator: Ministro Walton Alencar Rodrigues. Processo TC 005.373/2022-0. Brasília, DF, Sessão 6/11/2024. Disponível em: https://portal.tcu.gov.br/imprensa/noticias/fiscalizacao-identifica-falhas-na-concessao-das-rotas-sertaneja-e-zebu-em-minas-gerais-e-goias. Acesso em: 16 fev. 2024.

que teriam, na visão de tal unidade, levado a equívocos no cálculo realizado pelo VI. Nesse sentido, se manifestou o setorial técnico da Corte:

> 21. Como resultado da análise da Unidade Técnica (peça 120), em suma, foram encontrados os seguintes indícios de inconsistências no cálculo da indenização eventualmente devida à Concebra:
> - Falhas na metodologia adotada pelo verificador independente;
> - Falhas nos orçamentos utilizados para o cálculo dos valores de mercado;
> - Inclusão indevida dos dispêndios com o item "Recuperação" no cálculo da indenização; e
> - Inclusão indevida dos dispêndios com o item "Trabalhos Iniciais" no cálculo da indenização.

Os técnicos do TCU apresentaram quatro grupos principais de falhas na indenização calculada pelo VI. Cada um desses grupos será explicitado, com maiores detalhes, nos parágrafos subsequentes (considerando-se as análises feitas pela unidade técnica do TCU e adotadas no relatório do TC nº 005.373/2022-0).

Em relação às alegações de falhas na metodologia adotada, a AudRodoviaAviação aponta o seguinte:

> I.2. Falhas na metodologia adotada pelo verificador independente
> [...]
> 30. Sobre a metodologia da EY propriamente dita, apontaram-se duas inconsistências: inadequação na retroação de preços por longo período e adoção de datas incorretas de disponibilização das obras, gerando superestimativa no cálculo da indenização.
>
> I.2.1. Inadequação de reajuste/retroação de preços por longo período
>
> 31. Constatou-se ser inadequada a metodologia da EY de calcular os custos das obras na data-base de janeiro de 2023 e fazer a retroação por meio de índices de reajustamentos por longos períodos, até dezembro de 2015, ou seja, em lapso superior a sete anos. Tal procedimento já foi criticado por esta Corte de Contas em diversas ocasiões, uma vez que a correção de preços, por meio de índices em períodos longos, pode não refletir com precisão as condições reais das obras e seus custos. Nessa linha, citam-se o Acórdão 201/2018-TCU-Plenário e o Acórdão 854/2016-TCU Plenário, ambos de relatoria do Ministro Benjamin Zymler.
> [...]

I.2.2. Adoção de datas incorretas de disponibilização dos serviços/obras (duplicação, obras de melhoria e serviços operacionais) gerando superestimativa no cálculo da indenização

45. O Produto 3 apresenta informações sobre datas de conclusão das duplicações em dois momentos: na Tabela 24 (p. 758), quando informa sobre as obras de duplicação concluídas, e na Tabela 34 (p. 915), quando aplica os reajustes entre a data-base do orçamento elaborado e a data de conclusão das obras de ampliação. Verificou-se incompatibilidade entre as datas dessas duas tabelas.

46. Ao unificar as datas de conclusão da duplicação dos subtrechos de W3 e W5, o verificador independente adotou o ano de 2018, embora as extensões duplicadas em 2015 fossem as predominantes (85,79% de W3 e 81,88% de W5 foram concluídos em 2015). Em suma, diversos subtrechos sabidamente concluídos em 2015 foram considerados como finalizados apenas em 2018. Tal equívoco gerou superestimativa nos cálculos da EY.

47. Com o uso das datas de entrega readequadas, foi feito cálculo semelhante ao realizado na Tabela 34 do Produto 3 (p. 915). Do cálculo (peça 120, p. 12), concluiu-se que a adoção de datas de conclusão incorretas das obras de duplicação resultou numa minoração do percentual de diferença entre o valor da Concebra e o valor do orçamento base de 15,79% para 10,39%, majorando injustificadamente a indenização devida à Concessionária.

Como visto, em relação às falhas de metodologia, a unidade técnica do TCU aponta equívocos na retroação de preços realizadas pelo VI e a adoção de datas incorretas de disponibilização e entrega de obras por parte da concessionária (com a ausência da apresentação dos respectivos termos de aceite das obras).

Em relação ao primeiro ponto, os técnicos apontam que a jurisprudência consolidada do TCU determinava que "A correção ou a retroação de referenciais de preços, como o Sicro, por longos períodos não se presta para a verificação da compatibilidade dos valores contratados com os praticados no mercado à época do ajuste, uma vez que correções monetárias por períodos demasiadamente longos geram distorções." Ou seja, a Corte acaba por rejeitar a possibilidade de adotar índices de correção monetária por períodos longos, por não refletirem, necessariamente, as condições de mercados e variações de preços dos insumos a serem indenizados.

Já em relação ao segundo ponto, da adoção de datas incorretas, é detalhado a incorreção dos termos iniciais das obras e serviços e de recebimento deles, pontuando a ausência de comprovantes das entregas nas datas consideradas pelo VI.

O segundo grupo das falhas indicadas, na apuração da indenização pelo VI, diz respeito aos orçamentos utilizados para o cálculo dos valores de mercados dos insumos utilizados nas obras e serviços da BR-060/153/262/DF/GO/MG. Nesse sentido, a unidade técnica do TCU aponta o seguinte:

62. Foram analisados os orçamentos das duplicações e da infraestrutura das praças de pedágio, elaborados pela EY. Sobre esses dois grupos, constatou-se que o verificador independente elaborou os orçamentos de referência a partir de quantitativos e serviços desvinculados do projeto, de modo que o valor por ele calculado não reflete corretamente o montante dos investimentos não amortizados que se pretende indenizar.

63. Para as duplicações, elaborou-se a curva ABC a partir dos orçamentos apresentados nas p. 804-809 do Produto 3. Foram selecionados todos os serviços até o percentual de 82,77% do valor total dos orçamentos. Quanto às praças de pedágio, os orçamentos estão nas páginas 863-870 do P3. A partir desses orçamentos, foi elaborada a curva ABC com serviços selecionados que somam 81,96% do orçamento do verificador independente. Dentre os apontamentos feitos na instrução à peça 120, e esmiuçados à peça 112, destacam-se os seguintes erros grosseiros:

a) no projeto executivo, a largura total da pista nova é de 10,30 m em todos os trechos duplicados. Nos cálculos da EY dos serviços de pavimentação, foram consideradas larguras entre 12,80 m e 16,17 m (valores de 24% a 57% superiores);

b) a EY adotou base de brita graduada e sub-base de solo cal com 7% de cal, enquanto o projeto executivo prevê solução bem mais barata, qual seja, base solo-brita (com 20% de solo) e sub-base de solo cal com 2% de cal, respectivamente;

c) o verificador utilizou espessuras para as placas de concreto das praças de pedágio de até 211 cm, valor dez vezes superior, uma vez que os valores considerados "usuais" para esse tipo de pavimento estão na faixa de 20 cm;

d) a EY utilizou a premissa de uso de insumos comerciais (brita e areia) o que, além de antieconômico, contraria informação do próprio projeto executivo de duplicação.

64. Constatou-se que o orçamento de referência do verificador independente para as obras de duplicação possui sobrepreço de R$ 173.537.305,21 (55,26% do valor de referência). Em relação às obras de construção das praças de pedágio, identificou-se sobrepreço de R$ 64.278.966,96 (28,77% do valor de referência).

Dessa forma, a unidade técnica do Tribunal de Contas apontou uma série de incompatibilidades do projeto executivo de investimentos na rodovia concedida com as premissas adotadas pelo VI no cálculo da indenização dos bens reversíveis e não amortizados.

Durante a apuração do TCU, o VI também apresentou notas fiscais que, em sua defesa, corroboram os preços adotados na aquisição dos insumos. Contudo, os técnicos da Corte apontaram que as notas fiscais apresentadas cobriam parte pouco significativa dos custos totais dos serviços e, muitas vezes, continham descrições de faturamento que eram incompatíveis com os insumos apurados. Nesse sentido, foram apresentados os exemplos da aquisição de brita e areia, conforme disposto abaixo:

> 72. Uma construtora, como agente econômico que é, busca a redução dos seus custos, de modo a permanecer competitiva no mercado, mas também visando maximizar seus lucros. Entende-se que considerar premissa contrária deveria ser acompanhada da demonstração da impossibilidade técnica ou econômica da extração própria dos insumos, o que não foi trazido aos autos pela ANTT.
>
> 73. Registre-se, ainda, que conforme a p. 135 da peça 113, consta a informação de que "o material pétreo é extraído da Pedreira Triunfo". Ratificando tal entendimento, consultou-se o Sistema de Informações Geográficas da Mineração - Sigmine da Agência Nacional de Mineração. Da consulta, foram encontrados diversos registros de processos minerários, de variados tipos de materiais como "brita", "basalto", "cascalho", "argila", tendo como titular a "Construtora Triunfo S.A.", em região próxima às obras de duplicação (por exemplo, processos minerários: 831.428/2014, 832.418/2014, 833.217/2014, 834.014/2013, 832.369/2016).
>
> 74. Rebate-se ainda a apresentação de algumas notas fiscais que supostamente comprovariam a aquisição de brita: inicialmente, porque as notas fiscais propriamente ditas não foram apresentadas. Ainda assim, algumas, em sua descrição, contém: "Gastos com a construção da rodovia (engenharia, material e mão de obra)", ou seja, não são exclusivamente de aquisição de material pétreo.
>
> 75. Outro ponto é a reduzida materialidade e relevância das supostas notas, de apenas R$ 1,4 milhão, enquanto para as obras de duplicação seriam necessários cerca de R$ 59,6 milhões para a aquisição do material pétreo (peça 176, britas 0, 1, 2 e pó de pedra, considerando a base com 100% de brita e o insumo pétreo comercial, conforme validado pela EY). Não há como admitir que a apresentação de notas fiscais de apenas 2,3% do material seja suficiente para comprovar a adoção de material comercial, especialmente quando as informações do projeto e a existência de exploração desse material pela construtora apontam na direção contrária.

Para além disso, a unidade técnica também indicou a ausência, por parte do VI, de uma análise apurada sobre se os bens considerados pelo verificador eram, de fato, reversíveis. Também são realizadas críticas pelo fato de o VI não ter seguido os parâmetros editados pela ANTT sobre aqueles bens que seriam indenizáveis à concessionária. Nesse sentido é apontado que:

> 77. Da leitura integral da Resolução ANTT 5.860/2019, depreende-se que ainda são requisitos necessários para a inclusão de dispêndios no montante da indenização (apresenta-se a seguir apenas um rol exemplificativo, não exaustivo): os bens devem ser considerados "reversíveis", conforme classificação do art. 2º; além disso, não devem estar depreciados ou amortizados, de acordo com o art. 1º; investimentos em bens reversíveis realizados acima das condições equitativas de mercado não serão indenizados, segundo o art. 7º.

Ou seja, a unidade técnica do TCU entendeu que o VI deveria seguir as normativas e regras dispostas pela ANTT no cálculo da indenização devida à concessionária.

O terceiro grupo de falhas na análise do VI, indicadas no relatório da Corte de contas, dizia respeito à "inclusão indevida dos dispêndios com o item 'Recuperação' no cálculo da indenização". O tópico tratava dos investimentos e gastos realizados com a recuperação de trechos da rodovia concedida. Sobre o tema, o relatório técnico do TCU indica o seguinte:

> I.5. Inclusão indevida dos dispêndios com o item "Recuperação" no cálculo da indenização
>
> 101. Conforme visto com detalhes na instrução à peça 120, p. 24-28, para este item de indenização não foram encontradas verificações, por parte da EY, sobre: a veracidade dos dados fornecidos pela concessionária; a razoabilidade dos alegados dispêndios em comparação com os valores de mercado; e tampouco sobre a efetiva execução dos serviços. Entende-se que apenas esse fato já seria suficiente para não considerar tais dispêndios do cálculo da indenização.
>
> 102. De todo modo, buscaram-se evidências de que efetivamente se processou a recuperação da rodovia, de modo a atingir os atributos previamente pactuados para a concessão. Constatou-se a falta de elementos comprobatórios da execução dos serviços de recuperação. Não restou evidenciada nem ao menos a existência do elemento primordial da execução da recuperação, qual seja, o Projeto de Engenharia.

Em suma, a maior parte dos questionamentos, neste item, diz respeito à falta de documentos comprobatórios que atestariam as despesas alegadas pela concessionária. O relatório, produzido pela unidade técnica, destacou tal medida, ao apontar que:

> 117. De toda forma, restou evidenciada conduta inadequada, tanto por parte da ANTT, quanto do verificador independente, quanto à validação dos dispêndios com o item "Recuperação". Diante de todas as evidências de inexistência de documentação, inexecução das obras, não cumprimento de parâmetros de desempenho, ausência de análise de razoabilidade de preços em relação ao mercado, a conduta esperada seria de prudência. Independente de se tratar de um "Produto" provisório ou não, o esperado seria não inserir tais dispêndios do cálculo da indenização até que se apresente a respectiva documentação comprobatória. Em outras palavras, é imprudente "validar" os dispêndios sem o devido lastro probatório e somente promover as glosas caso não seja apresentada a documentação.
>
> [...]
>
> 119. Em suma, conforme exposto, entende-se que faltam evidências da execução dos serviços de recuperação, no marco contratual correspondente, pois: i) não foram apresentados ensaios realizados que indicassem a recuperação funcional e estrutural da rodovia; ii) nem ao menos se comprovou a existência de projetos de engenharia, indispensáveis para a execução dos serviços e para a eventual quantificação dos valores indenizáveis; e iii) ausência de análise e validação dos supostos dispêndios pelo Verificador Independente. Eventuais notas fiscais, registros contábeis ou contratos não trazem informações sobre o estado real da rodovia no período para o qual foi pactuada a recuperação e, na ausência de elementos concretos que indiquem a recuperação do segmento rodoviário concedido, fica impossibilitada a validação dos alegados investimentos.

Por fim, a quarta e última falha apontada pelo TCU, em relação ao pleito de indenização conduzido pelo VI, dizia respeito à "inclusão indevida dos dispêndios com o item trabalhos iniciais", no cálculo realizado. Nesse sentido, o relatório produzido pela Corte apontava que:

> 123. Para os dispêndios relacionados aos "Trabalhos Iniciais", aplica-se raciocínio semelhante ao utilizado para os investimentos da fase "Recuperação". 123. A instrução à peça 120 apontou que, para este item, com indenização estimada em cerca de R$ 305 milhões (ref. data da execução dos serviços), também não foram encontradas verificações por parte da EY sobre: a veracidade dos dados fornecidos pela

concessionária, a efetiva execução dos serviços e a aferição recente dos parâmetros de desempenho.

124. Apontaram-se ainda falhas no cálculo de valor de mercado dos alegados dispêndios, uma vez que foram indevidamente inseridos na indenização gastos com serviços de conservação.

Para além da ausência de documentos comprobatórios que atestassem os gastos iniciais da concessionária ao promover melhorias na rodovia, a unidade técnica entendeu que seria necessária a comprovação de que os investimentos realizados importaram na melhoria das condições da rodovia. Segundo normativo da ANTT, essa seria condição para autorizar uma eventual indenização. Na visão do TCU, essa medida, que não teria sido avaliada pelo VI, conforme o excerto trazido abaixo:

> 133. Sabe-se que para ser elegível à indenização o segmento rodoviário concedido tem que ser entregue em situação superior ao que a concessionária assumiu, no início da concessão, conforme se depreende do inciso IX, Caput e do inciso I, §1º do art. 2º da Resolução 5.860/2019, in verbis: IX - investimentos em recuperação da rodovia, executados até a data prevista contratualmente, desde que mantidos os parâmetros de desempenho correspondentes ao marco contratual na extinção antecipada do contrato. - §1º Os bens de que tratam esse artigo somente serão considerados reversíveis: I se contribuírem para a continuidade da prestação do serviço público, auferindo benefícios econômicos futuros para o sistema rodoviário.
>
> 134. Ou seja, traçando um paralelo com os investimentos em "recuperação", para os dispêndios relativos aos "trabalhos iniciais", há que se realizar a medição atual dos parâmetros de desempenho para aferir se o trecho concedido realmente se encontra em situação "superior" e se essa situação ao menos atende os parâmetros dos "trabalhos iniciais". No entanto, constatou-se que essa verificação não foi feita, seja pela falta de comparação entre os parâmetros atuais e os da época da assunção da concessão, seja pela ausência de medição recente dos diversos parâmetros.
>
> 135. Assim, ao alegar que vistoria de campo teria constatado a execução dos serviços iniciais em março de 2015, sem adentrar no mérito da veracidade ou não da alegação, cabe esclarecer que, conforme visto no parágrafo anterior, a mera execução do serviço é insuficiente para a sua inclusão na indenização pleiteada. É necessário ainda que os parâmetros de desempenho, aferidos em momento próximo ao da devolução da concessão, estejam compatíveis com a fase "trabalhos iniciais". Ademais, os alegados gastos devem estar compatíveis com os valores de mercado.

A partir do apontamento da unidade técnica, a AudRodoviaAviação concluiu sua avaliação, sistematizando os quatro grupos de falhas identificadas no cálculo de indenização realizada pelo VI. Diante disso, foi sugerido ao pleno do TCU a adoção de uma série de medidas, visando corrigir os elementos apontados, conforme disposto abaixo:

191. Ante todo o exposto, submetem-se os autos à consideração superior com as seguintes propostas:

a) determinar à ANTT que, com fundamento no art. 43, inciso I da Lei 8.443/1992, c/c o art. 250, inciso II do Regimento Interno do TCU, quando do cálculo da indenização relativa ao processo de relicitação da BR-060/153/262/DF/GO/MG, considerando o disposto no art. 17, §1º, inciso VII, e §2º, além do art. 19, Caput da Lei 13.448/2017, c/c o art. 11, Caput do Decreto 9.957/2019:

a.1. corrija as datas das obras para datas compatíveis com sua efetiva disponibilização, conforme apontado em detalhes nos itens I.1.2 a I.1.5 da instrução à peça 120 do TC 005.373/2022-0, de forma a retificar o cálculo da indenização, em respeito ao art. 3º, inciso IV da Resolução ANTT 5.860/2019 (item I.2.2);

a.2. nos cálculos relativos aos dispêndios com as obras de duplicação e de construção dos pedágios, corrija os orçamentos de referência, utilizando os quantitativos e serviços compatíveis com o projeto executivo, e adote o preço dos insumos extraídos, conforme os apontamentos feitos no subitem I.2.1 da instrução à peça 120, com cálculos detalhados à peça 112, de modo a corrigir o montante da indenização eventualmente devida, em respeito ao inciso VI do art. 7º da Resolução ANTT 5.860/2019, além do subitem 9.4.1 do Acórdão 752/2023-TCU-Plenário (item I.3);

a.3. na elaboração do Produto 2B, na Tabela 2, de cálculo e resumo do valor indenizatório, em atenção ao Caput e parágrafo único do art. 14 da Resolução ANTT 5.860/2019 (item I.4): a.3.1. adeque a dedução relativa ao resultado de cada produto (em especial o Produto 3, que deve conter os ajustes propostos no item a.2 desta proposta de encaminhamento (item I.3 da instrução) para o valor efetivamente obtido com as análises no âmbito do respectivo produto; e

a.3.2. compatibilize os valores das glosas decorrentes do resultado de cada produto para a mesma data-base do valor indenizatório (no caso, outubro/2023). a.4. exclua, como investimentos em bens reversíveis, os dispêndios relacionados às obras de "Recuperação", uma vez que não restaram evidenciados elementos que indicassem (item I.5):

a.4.1. a efetiva execução dos serviços, em respeito ao disposto no art. 3º, inciso VI da Resolução-ANTT 5.860/2019 e no Manual de Restauração de Pavimentos Asfálticos do DNIT (Publicação IPR - 720); a.4.2. a adequada análise de preços em relação ao mercado, em respeito ao disposto no art. 7º, inciso VI da Resolução-ANTT 5.860/2019; e a.4.3. a aferição e o atingimento atuais dos parâmetros de desempenho relativos à fase "Recuperação", em respeito ao disposto no art. 2º, inciso IX e no art. 2º, §1º, inciso I da Resolução-ANTT 5.860/2019;

a.5. exclua, como investimentos em bens reversíveis, os dispêndios relacionados à fase "Trabalhos Iniciais", uma vez que (item I.6):

a.5.1. não restaram evidenciados elementos que demonstrassem a adequada análise de preços em relação ao mercado, em respeito ao disposto no art. 2º, §2º e art. 7º, inciso VI da Resolução ANTT 5.860/2019;

a.5.2. não restaram evidenciados a aferição e o atingimento atuais dos parâmetros de desempenho relativos à fase "Trabalhos Iniciais", em respeito ao disposto no art. 2º, inciso IX, no art. 2º, §1º, inciso I e no art. 7º, inciso VI da Resolução-ANTT 5.860/2019;

b) dar ciência à ANTT, com fundamento no art. 9º, inciso I, da Resolução TCU 315/2020, que é inadequada a metodologia de calcular os custos das obras em data-base recente e fazer a retroação por meio de índices de reajustamentos por longos períodos, uma vez que a correção de preços pode não refletir com precisão as condições reais das obras e seus custos, conforme tratado no Acórdão 201/2018-TCU-Plenário e no Acórdão 854/2016-TCU-Plenário (item I.2.1); e

c) comunicar à Comissão de Valores Mobiliários acerca dos fatos ora apurados, em especial as deficiências encontradas na condução dos trabalhos pela Ernst & Young Assessoria Empresarial Ltda., em observância ao disposto na alínea "c" do art. 25 do Decreto-Lei nº 9.295/1946, do §3º do art. 177 da Lei nº 6.404/1976, além dos incisos I, II e IV do art. 59 e dos incisos I e II do art. 60 da Resolução CVM 24/2021, informar do acórdão que vier a ser proferido, destacando que o relatório e o voto que fundamentam a deliberação ora encaminhada poderão ser acessados por meio do endereço eletrônico www.tcu.gov.br/acordaos (item "Informações Adicionais").

É interessante notar que grande parte das medidas sugeridas pela unidade técnica pressupunham a necessidade de o VI adotar, em seus trabalhos, as regras e normativas elaboradas pela ANTT como vinculantes.

1.3.2. O voto do Min. Relator

Após a adoção do parecer da AudRodoviaAviação como relatório do TC 005.373/2022-0, o Min. Walton Alencar Rodrigues passou a proferir o seu voto. De início, o relator trouxe novos questionamentos que não haviam sido tratados com maior destaque pela Unidade técnica. Nesse sentido, o Min. Walton Alencar Rodrigues acentuou preocupação sobre a possibilidade da existência de um excedente tarifário na concessão das rotas Sertaneja e do Zebu, elemento este que deveria ser apurado e, eventualmente, deduzido da indenização devida à concessionária por bens reversíveis e investimentos não amortizados. O ministro pontua que:

> [...] Sempre importante repisar o grande interesse público na correção e perfeita aferição dos valores, que deverão ser pagos pela nova concessionária à antiga concessionária Concebra-Triunfo, bem como suas implicações nas tarifas cobradas dos usuários, o que impõe a redobrada atenção dos órgãos competentes, para impedir a irregular supervalorização dos montantes devidos. Em que pesem os valores gigantescos envolvidos em concessões rodoviárias, de muitos bilhões de reais, o que realmente importa para o interesse público é que os valores sejam corretos.
>
> Nos termos do artigo 11 do Decreto 9.957/2019, relativamente ao saldo da indenização, apurado pela ANTT, serão descontados os seguintes itens: excedente tarifário arrecadado pela concessionária atual; multas e outras somas de natureza não-tributária devidas pelo contratado originário ao órgão ou entidade competente e não-adimplidas até o momento da indenização; e outorgas devidas até a extinção do contrato de concessão originário e não pagas até o momento da indenização.
>
> O excedente tarifário é calculado pela diferença entre a tarifa praticada, prevista na cláusula 5.1 do termo aditivo de relicitação, a qual não leva em consideração o desconto de reequilíbrio pela suspensão de investimentos não-essenciais durante o período de relicitação, e a tarifa calculada, prevista na cláusula 5.2 do termo aditivo, a qual leva em consideração o desconto de reequilíbrio pela suspensão de investimentos não-essenciais.
>
> Ainda sobre o excedente tarifário, com a devida antecedência, por ocasião da prolação do voto condutor do Acórdão 1.062/2024-TCU-Plenário, houve por bem o Tribunal de Contas da União advertir que era real, nessas rodovias, o risco de excedente tarifário, ou seja, de que o valor arrecadado pela concessionária, ultrapassasse, de muito, o valor devido da indenização, que ora se examina, o que implicaria crédito, em favor do Poder Concedente, com a consequência de ele ter de reaver da atual concessionária os valores de arrecadação tarifária que ultrapassarem o montante indenizatório.
>
> Para aferição desses valores, é necessário que a Agência reguladora, com o auxílio do verificador independente, por ela diretamente contratado, avalie corretamente os ativos reversíveis não-amortizados ou depreciados, promovendo os descontos devidos no saldo de indenização, entre os quais se insere o excedente tarifário arrecadado

durante o período de vigência do 2º Termo Aditivo, a teor do disposto no artigo 11 do Decreto 9.957/2019 e na Resolução ANTT 5.860/2019 [...]. Págs 2-3 do voto.

Após tecer essas considerações iniciais, o ministro relator do caso passa a adentrar o mérito da questão. Ele considera que a indenização de R$ 1,258 bilhão, calculada pela Ernst & Yung, apresentaria irregularidades que beneficiariam a concessionária da rodovia concedida.

No voto, o Ministro enfatiza que a atuação do VI não afasta o dever da ANTT de averiguar a regularidade dos cálculos realizados, podendo a entidade reguladora determinar correções nos parâmetros adotados. Nessa linha, menciona o Min. Walton Alencar Rodrigues:

> No caso concreto, as irregularidades em deslinde possuem matizes objetivos, de fácil verificação, todas aferíveis em pecúnia, que favorecem a antiga concessionária Concebra, no valor lançado pela verificadora independente Ernst & Jung de R$ 1,258 bilhão de reais.
>
> Por óbvio, a contratação de verificador independente, a fim de auxiliar a Agência reguladora na certificação dos valores de indenização dos ativos reversíveis, ora pleiteados pela Concebra, não exime a ANTT de averiguar a correção e a regularidade dos procedimentos e cálculos, levados a efeito pelo verificador independente, tampouco torna esses valores imunes à fiscalização realizada pelo controle externo, conforme determinam os artigos 17, inciso VII, e 19 da Lei 13.448/2017, combinado com o artigo 11 do Decreto 9.957/2019. Por óbvio, também, que a manifestação do controlador independente só tem valor e prestabilidade em consonância com a veracidade e regularidade com que se apresente. Se exibe dados falsos, equivocados ou inverossímeis, para promover o pagamento de indenizações indevidas, à luz dos documentos do processo, não vale nada.
>
> Não fosse assim, fraudes e irregularidades, de altíssimo valor, poderiam transitar livre e impunemente, sem consequências, pelos átrios da agência reguladora e pelo TCU, porque o verificador independente, no caso, a empresa de auditoria e contabilidade, assim o decidira. E tratando-se de setor altamente conturbado, em que muitas empresas atuam de forma questionável, sem cumprir as obrigações constantes do contrato, com o só objetivo de majorar seus lucros, muitas vezes levando ao Poder Judiciário questões contratuais básicas, sem consideração com os direitos dos usuários, pagadores dos pedágios, é evidente a importância do papel controlador das agências reguladoras, sobretudo da ANTT, bem como do Tribunal de Contas da União. PP.4-5.

Mais adiante, o Min. Relator também reforça que as análises realizadas pelo VI são, apenas, referenciais, não vinculando a tomada de decisão do ente regulador ou dos órgãos de controle externo, conforme assentado do excerto trazido abaixo:

> A independência e a imparcialidade dos trabalhos realizados por empresas de auditoria independentes são fundamentais para a sua confiabilidade, mas não podem ser tomados como a única forma de verificação ou princípio absoluto, ou imutável. Sobretudo ante tantos indícios de fraudes, perpetradas a todo o tempo pelas maiores empresas de contabilidade e auditoria privada, em todo o mundo, o que gera a obrigação absoluta de vigilância sobre as conclusões apresentadas.
>
> Em suma, os resultados trazidos pelo verificador independente são referenciais úteis, mas não são finais, nem indenes de exame, a ponto de vincular a Agência reguladora e o Tribunal de Contas a chancelar avaliações de ativos com equivocadas aferições, absolutamente não razoáveis, ou totalmente desconexas da realidade, ou da Resolução ANTT 5.860/2019 e de toda a legislação de regência, gerando lucros não justificados e sem base legal para o ente privado.

Após assentar que as opiniões e os pareceres emitidos pelo VI não são vinculantes, no cálculo do pleito indenizatório, o relator também aponta omissões no processo de contratação do VI, que não vedaram, de forma expressa, o VI de manter contrato ou relações, comerciais ou de outras searas, com a concessionária avaliada. Nesse sentido, o voto proferido ressalta a necessidade de que os futuros contratos de verificação independente tratem o tema com maior cuidado:

> Ainda para a confiabilidade dos procedimentos adotados, é importantíssimo inserir, nas futuras contratações de verificadores independentes, a exemplo da Ernst & Young, cláusulas que impeçam as verificadoras independentes de manter quaisquer contatos, com as empresas participantes do processo, ou com seus advogados e representantes, no caso, a Concebra, que deverá simplesmente entregar toda a documentação à própria ANTT, que a repassará, com os esclarecimentos precisos, ao verificador independente, vedadas quaisquer ulteriores aproximações com a consultoria contratada como verificador independente.

Feitas essas ponderações, o Min. Walton Alencar Rodrigues acata as avaliações e recomendações feitas pela unidade técnica do tribunal, acolhendo os quatro grupos de falhas indicadas no cálculo: (i) Falhas na metodologia adotada pelo verificador independente; (ii) Falhas nos orçamentos utilizados para o cálculo dos valores de mercado; (iii) Inclusão indevida dos dispêndios com o item "Recuperação" do pavimento, no cálculo da indenização; e (iv) Inclusão indevida dos dispêndios com o item "Trabalhos Iniciais" no cálculo da indenização.

Em relação às falhas metodológicas, o voto corrobora o erro da retroação, por longos períodos, da atualização monetária dos investimentos realizados pela concessionária.

[...]

Outra fragilidade verificada nos procedimentos da EY é a retroação, por longo período, dos preços referenciais das obras, desde a data-base de janeiro de 2023 até a data de conclusão de cada investimento em ativo reversível, chegando a lapso superior a sete anos (dezembro de 2015).

A esse respeito, é firme a jurisprudência desta Corte de Contas em considerar que a utilização de índices setoriais do DNIT para deflacionar preços de referência por extensos períodos pode gerar grandes distorções no orçamento paradigma, por não refletir a evolução de todos os custos, sendo mais recomendável o emprego de preços-paradigmas do Sistema Sicro mais próximos da conclusão das obras.

[...]

Ainda no campo das falhas metodológicas, é apontada a incorreção dos termos de entrega das obras e serviços desenvolvidos por parte da concessionária, conforme destacado abaixo:

Outra inconsistência metodológica grave foi a adoção de data de entrega inadequada das obras e melhorias, conforme observado em vários trechos rodoviários duplicados da BR-262/MG, objeto do Produto 3 dos trabalhos realizados pelo verificador independente (tabelas 24 e 34, páginas 758 e 915).

Conforme demonstrado pela instrução à peça 120, a Ernst & Young empregou data mais avançada de término das duplicações, em 2018, embora essas obras tenham sido majoritariamente conclusas em 2015. A simplificação adotada pela EY resultou em considerar entregue, em 2018, percentual de 49% da extensão dos trechos rodoviários duplicados, quando, na verdade, corresponderiam a apenas 8%. As duplicações disponibilizadas em 2015 representam 80% dos trechos rodoviários. A mesma incongruência foi verificada nas obras de melhoria e nas obras das frentes de serviço operacionais.

[...]

A adoção de datas inadequadas de conclusão das obras de duplicação, de melhoria e de frentes operacionais resulta em diminuição do

> percentual de diferença entre o valor cobrado pela Concebra e o valor do orçamento base estimado pelo verificador independente, majorando injustificadamente a indenização devida à concessionária.
>
> Somente com a utilização da data correta das entregas das obras, sem considerar as demais inconsistências, haveria imediata redução de R$ 26.457.702,00 do valor indenizável, 4,83% do valor originalmente calculado.
>
> Acolho, portanto, a proposta de determinação à ANTT para que corrija as datas de disponibilização das obras conforme apontado anteriormente (e detalhado à peça 120), para retificar o cálculo da indenização. pp.11-12.

Em relação ao grupo de falhas nos orçamentos, o relator também anuiu com as ponderações realizadas pela unidade técnica, apontado que:

> Em outro ponto da análise, foi registrada falha no cálculo dos orçamentos de referência utilizados pelo verificador independente, para comparar com gastos declarados pela concessionária. Aplicando método da curva ABC para selecionar os grupos de obras de maior relevância entre os dispêndios analisados pela EY, objeto do Produto 3 (páginas 804 a 809), a Unidade Técnica abrangeu, em sua análise, 82,34% do valor total dos gastos, correspondendo às obras de duplicações e de infraestrutura de pedágio.
>
> [...]
>
> Observa-se que o verificador independente elaborou os orçamentos de referência com base em quantitativos e serviços desvinculados de projeto executivos das obras. Dessa forma, o valor calculado pela EY não reflete os investimentos não-amortizados ou depreciados cuja indenização é pretendida pela concessionária. Para as obras de duplicação, foi adotada, ainda, a premissa de utilização de insumos comerciais que, além de ser antieconômica, não está de acordo com o próprio projeto executivo. Os orçamentos de referência elaborados pelo verificador independente para as obras de duplicação e de construção das praças de pedágio apresentam sobrepreços, respectivamente, de R$9 173.537.305,21 (55,26% do valor de referência) e de R$ 64.278.966,96 (28,77% do valor de referência). p.p8.

Em relação ao terceiro grupo de falhas, o relator corrobora a análise da unidade técnica da "inclusão indevida dos dispêndios com o item Recuperação de pavimentos", reforçando a falta de elementos probatórios que atestem a veracidade dos dados adotados no cálculo do item. Nesse sentido, assentou o voto:

Em outro tópico do cálculo de indenização dos bens reversíveis, identificou-se a inclusão indevida de dispêndios relativos à recuperação do pavimento. Não foram encontradas evidências de que o verificador independente tenha certificado a veracidade dos dados fornecidos pela concessionária, nem a razoabilidade dos gastos em confronto com os valores de mercado, muito menos a efetiva execução dos serviços. Tais fundamentos seriam mais do que suficientes para simplesmente não considerar esses dispêndios no cálculo da indenização.

No entanto, tais valores foram imediatamente considerados. As notas fiscais, registros contábeis e contratos fornecidos pela concessionária não trazem informações sobre o estado real da rodovia no período em que foi realizada recuperação e, na ausência de elementos concretos que indiquem a recuperação do pavimento, fica inviabilizada a validação desses investimentos.

Também não se comprovou a existência de projetos de engenharia vinculados a esses dispêndios, contrariando a exigência contida no artigo 3º, inciso VI, da Resolução-ANTT 5.860/2019 e no Manual de Restauração de Pavimentos Asfálticos do DNIT (peça 108, pág. 33). Tais projetos são imprescindíveis para aferir a execução dos serviços e a quantificação dos valores indenizáveis.

Nos termos artigo 2º, inciso IX, da Resolução ANTT 5.860/2019, são considerados reversíveis os investimentos realizados em recuperação da rodovia até da data prevista contratualmente, desde que mantidos os parâmetros de desempenho correspondentes ao marco contratual na extinção antecipada do contrato.

Dessa forma, ainda que se considerem realizadas as obras de recuperação - as quais, repito, em nenhum momento foram comprovadas - não foram trazidos aos autos resultados de ensaios que demonstrem a manutenção dos indicadores de desempenho oriundos de recuperação funcional e estrutural da rodovia, o que torna o pleito inadmissível.

[...]

Diante do exposto, estou de acordo com a proposta de determinação à Agência reguladora para que exclua, dos investimentos em bens reversíveis, os dispêndios relativos às obras de "Recuperação", porquanto não foi comprovada efetiva execução dos serviços, bem como a aferição e manutenção atual dos parâmetros de desempenho relativos a essa fase da concessão, com fundamento no Lei 13.448/2017, art. 17, §1º, inciso VII, na Resolução-ANTT 5.860/2019, art. 2º, inciso IX, art. 2º, §1º, inciso I, art. 3º, inciso VI, e art. 7º, inciso VI e no Manual de Restauração de Pavimentos Asfálticos do DNIT (Publicação IPR - 720). Pp.10-12.

Por fim, o relator também acatou os entendimentos da unidade técnica, no que diz respeito às falhas dos dispêndios iniciais no cálculo da indenização. Nessa linha, o voto aponta a inclusão de gastos não indenizáveis com a manutenção da infraestrutura não concedida no cálculo realizado pelo VI, bem como a ausência de documentos e/ou elementos comprobatórios dos dispêndios, conforme assentado abaixo:

> Em outro ponto de análise dos trabalhos realizados pelo verificador independente, foi identificada inclusão indevida de dispêndios com "trabalhos iniciais" no cálculo da indenização. Para esse item, foi estimada indenização de R$ 305 milhões, referentes à época de execução dos serviços, ocorrida entre 2014 e 2015. O verificador independente não propõe glosa dos valores de indenização requeridos pela concessionária, uma vez que custo médio cobrado pela Concebra (R$ 2.280.800,41/km) estaria dentro do valor de mercado (R$ 2.310.130,26/km). Conforme descrição à peça 5, pág. 9, os trabalhos iniciais caracterizam-se por reparos localizados e soluções superficiais para alcance de condições mínimas da rodovia.
>
> De acordo com a tabela 26, págs. 81/82, foram considerados, no cálculo do valor de indenização, serviços típicos de conservação, tais como tapa-buraco, roçada e capina de canteiros, limpeza e desobstrução de obras de arte corrente e especial, limpeza de sinalização vertical, reparo de cerca, os quais compõem mais da metade do custo médio cobrado pela concessionária.
>
> Tecnicamente, gastos em serviços superficiais não podem ser considerados como ativos reversíveis indenizáveis, pois não agregam qualidade, nem adicionam vida útil em relação à situação previamente existente à assunção do segmento rodoviário pela Concebra, a teor do artigo 2º, inciso IX, da Resolução ANTT 5.860/2019.
>
> Conforme artigo 2º, §2º, da aludida Resolução, não são considerados reversíveis os bens utilizados pela concessionária exclusivamente em atividades administrativas, assim como investimentos realizados na prestação de serviços de conservação e manutenção do sistema rodoviário. Parece básico, mas não foi.
>
> Ainda assim, a análise do verificador independente, em relação a esses gastos, padece das mesmas graves falhas observadas na avaliação dos serviços de recuperação da rodovia, pois não foram encontradas evidências críveis de análise de veracidade dos dados fornecidos pela concessionária, da razoabilidade dos gastos, em comparação com os valores de mercado, muito menos da efetiva execução dos serviços e respectiva aferição dos parâmetros de desempenho.

Diante de todos os apontamentos da unidade técnica e demais observações do Ministro, o montante de indenização que, na visão do TCU, seria devido à concessionária, passaria de R$ 1,258 bilhão (conforme cálculo da Ernst & Young) para um valor de soma negativa. Na visão do Ministro, deveriam ser aplicadas diversas multas contratuais:

Chamo aqui a atenção para fato relevante. De acordo com a instrução à peça 141, págs. 38/39, o valor líquido estimado de indenização à atual concessionária, já consideradas as exclusões de excedente tarifário e das multas, encontrava-se em R$ 36 milhões. Quando corrigidas todas as inconsistências identificadas nestes autos, bem como os valores dos ativos reversíveis, o valor de indenização se tornará negativo. Mantida essa tendência, não haverá nenhum impacto do valor de indenização no Estudo de Viabilidade Técnica, Econômica e Ambiental do projeto de desestatização, devendo, assim, ser zero o montante indenizatório a ser incluso na minuta do edital de licitação, em cumprimento à determinação contida no item 9.1.4 do Acórdão 1062/2024-TCU-Plenário.

Isto significa que, de uma pleiteada indenização de um bilhão e duzentos e cinquenta e oito milhões de reais, favorável à empresa Concebra, do grupo Triunfo, na verdade, chegamos a uma dívida considerável em desfavor da Concebra. Isto dá a exata dimensão do trabalho do Tribunal de Contas da União, relativamente à fiscalização das concessões e a forma de ação de algumas empresas do setor. Pp.13.

O TCU, portanto, considerou que não era devida indenização à concessionária por bens reversíveis e investimentos não amortizados; esse entendimento discrepa da avaliação feita pelo VI contratado para atuar no caso.

Em função de tal discrepância, o voto do Ministro contém diversos questionamentos sobre a imparcialidade do VI. Nesse contexto, o Ministro determinou, inclusive, a necessidade de medidas complementares e a notificação da Comissão de Valores Imobiliários (CVM), para que esta adotasse investigações complementares sobre a relação do VI com a concessionária CONCEBRA:

> Ainda no que toca ao verificador independente, determino que novas medidas de precaução, relativamente às relações entre o agente verificador e a concessionária sejam contratualmente estabelecidas.
>
> No caso concreto, de uma dívida, secundada pela Ernst & Young, de um bilhão e duzentos e cinquenta e oito milhões de reais, podem resultar créditos consideráveis em favor da União. Dessa monumental discrepância decorre ser absolutamente necessário salvaguardar a distância e a correção ética do verificador independente relativamente à concessionária e a seus representantes, razão por que todas as futuras contratações de verificadores independentes deverão fixar a obrigação de distância e ausência de contato entre eles e as antigas concessionárias e seus representantes, para evitar uma contaminação dos interesses em jogo.
>
> No caso em exame, a listagem dos interesses da concessionária, atendida pelo verificador independente, não poderia ter sido maior,

nem mais favorável à concessionária, nem mesmo se fosse a própria concessionária a listar todos os valores que ela, diretamente, gostaria de receber. Acolho proposta formulada pelo Auditor, secundada pelo Diretor de Subunidade, de informar a Comissão de Valores Mobiliários acerca dos fatos ora apurados, em especial as deficiências encontradas na condução dos trabalhos pela Ernst & Young Assessoria Empresarial Ltda., em observância ao disposto na alínea "c" do art. 25 do Decreto-Lei nº 9.295/1946, do §3º do art. 177 da Lei nº 6.404/1976, além dos incisos I, II e IV do art. 59 e dos incisos I e II do art. 60 da Resolução CVM 24/2021.

Embora o contrato firmado entre a ANTT e a Ernst & Young não trate propriamente de procedimentos de auditoria independente em demonstrações financeiras de companhias abertas, os quais são normalmente submetidos à normatização e à fiscalização da Comissão de Valores Mobiliários, a ele se equiparam e abrangem aspectos relevantes quanto à verificação de informações contábeis em confronto com outros documentos e informações que demonstram a efetiva realização de despesas por parte da concessionária. Mostra também a questão dos procedimentos adotados pela empresa, cuja aferição incumbe à entidade. Quando tantos problemas há, relativamente a empresas privadas de auditoria, em todo o mundo, nunca é demais salientar o dano de mais de R$ 1,258 bilhões que ora se evitou, bem como tomar as devidas precauções para o futuro. P.p13-14.[28]

Em síntese, o Min. Walton Alencar Rodrigues acabou por acolher a integralidade dos requerimentos e recomendações realizadas pela unidade técnica da Corte, não reconhecendo qualquer valor a título de indenização por bens reversíveis e não amortizados. Ainda, aponta eventual conflito de interesses entre o VI e a concessionária.

Este entendimento também foi acompanhado pelos demais pares do TCU, não havendo, na prolação do acórdão do nº TC 005.373/2022-0, a juntada de votos de divergência. Além disso, o julgado identifica alguns deslindes sobre a figura do VI.

Dentre as recomendações, tem destaque a de que o verificador deve estar sujeito às normativas da ANTT (ou do ente regulador competente), cujas resoluções e regulações devem ser vinculantes. Além

---

[28] É interessante notar que, por vezes, o Ministro utiliza, em seu voto, nomenclaturas distintas para o VI, frequentemente o chamando de "auditor independente". Esse é um tema que merece atenção. A empresa contratada, nesse caso, de fato é uma empresa de auditoria. Entretanto, as atividades de verificação não devem ser confundidas com as atividades de auditoria. Podem até ter pontos comuns – como a atuação para aprimoramento de processos de governança; mas os verificadores devem ter um perfil de mediação e de conciliação de visões de duas partes – muitas vezes díspares – e atuação em favor de soluções técnicas viáveis para condução de contratos complexos.

disso, o voto do relator, acolhido pelos demais ministros, também ressalta o dever de o regulador chancelar ou não as opiniões e análises emitidas pelo VI, que não são definitivas. De forma adicional, também é assentada a orientação de que os contratos com verificadores prevejam mecanismos que evitem o conflito de interesses e o relacionamento entre concessionária e VI, em atendimento ao interesse público.

As discussões do caso CONCEBRA, até o momento de escrita deste capítulo, ainda não se encontram concluídas. Como se verá a seguir, atualmente existem procedimentos arbitrais, iniciados pela concessionária, que visam questionar temas relacionados ao reequilíbrio econômico-financeiro do contrato de concessão e da indenização discutida no processo de relicitação. Assim, este caso paradigmático poderá trazer novos entendimentos e resultados, em breve, traduzindo novos entendimentos e debates sobre a figura do VI.

Um tema que não deve passar despercebido é o papel que o TCU desempenhou nesse caso. Não há, como já se indicou, doutrina ou legislação sobre o tema da verificação independente. A partir da atuação da Corte de Contas é que os contornos estão sendo desenhados.

Nesse caso, as investigações conduzidas pelo TCU foram inauguradas por iniciativa da própria Corte. De ofício, o TCU iniciou as análises que levaram à conclusão de que haveria eventual irregularidade na atuação do verificador. Embora caiba ao TCU a fiscalização das contas do Executivo, se embora possa fazer isso em sede de análise prévia, talvez, no caso, ainda não houvesse nenhum tipo de irregularidade constituída. Isso porque ainda não havia nenhum ato decisório tomado pela ANTT para acatar os cálculos do verificador. Pelo contrário; no caso, a Agência questionou as premissas utilizadas pelo VI para o cálculo da indenização, indicando que haveria, ainda, um trâmite de um processo administrativo em aperfeiçoamento.

Mas é interessante notar que, na falta de uma regulação ou de um balizador, ou mesmo de uma autoridade definida como responsável por avaliar a atuação do VI, empiricamente o TCU assumiu um papel de regulador dessa atividade.[29]

---

[29] No entender de Carlos Ari Sundfeld e Jacintho Arruda Câmara (2013, pp. 180-185), a Constituição Federal limita a prática de atos de comando (isto é, a aplicação de sanções e a sustação de atos) pelo Tribunal de Contas aos casos de ilegalidades, afastando-a nos casos de controle conforme parâmetros de economicidade, eficiência e economicidade. SANTANA, Luisa Dubourcq. *Controle dos tribunais de contas sobre alocação de riscos em contratos de parceria público-privadas*. 2019. Dissertação (Mestrado). Universidade Federal de Pernambuco, 2019.

E um tema que chama a atenção é que nesse caso, além das recomendações de regramentos para evitar conflitos de interesses, a Corte entendeu que o verificador independente deveria atuar como uma espécie de auditor, sujeito e a serviço da parte pública. Faz todo o sentido evitar conflitos de interesses e reforçar os cuidados para que o verificador não se submeta à concessionária. Entretanto, a verificação é uma atividade que demanda relacionamento próximo com ambas as partes contratantes, inclusive com a concessionária.

Nesse ponto, não faria nenhum sentido haver um terceiro independente, se ele não pudesse exercer de forma imparcial as atividades que são esperadas. Tais atividades têm caráter técnico; não são pareceres *em favor* de uma parte ou de outra. Pelo contrário, são orientações para trazer racionalidade para a tomada de decisão, e essa racionalidade vem de uma visão ponderada entre o interesse da iniciativa privada e o interesse da parte pública.

1.3.3. O processo arbitral do caso CONCEBRA

Como destacado anteriormente, o caso CONCEBRA também conta com debates em Tribunal Arbitral, indo além das discussões havidas perante o TCU. Deve ser salientado que ainda não há, até o presente momento, sentença arbitral proferida em sede dos respectivos processos. Mesmo assim, é possível estudar algumas peças do procedimento, disponibilizada de forma pública.[30]

De forma geral, o procedimento arbitral discute a validade das fiscalizações e procedimentos de monitoramento da concessionária, realizados exclusivamente pela ANTT, no âmbito 2º termo aditivo ao contrato de concessão (processo de relicitação).

Ocorre que, com a assinatura do 2º termo aditivo (realizado no ano de 2021), a estatal INFRA S.A, alegando dificuldades orçamentárias, atrasou o processo de contratação do VI, que seria responsável por monitorar o cumprimento do aditivo contratual e por calcular a indenização devida à concessionária, pelos bens reversíveis e não amortizados. Em suma, o VI foi contratado, apenas, no ano de 2023 (Contrato nº 027/2023), quase dois anos após a assinatura do aditivo de relicitação.

---

[30] Também deve ser pontuado que na concessionária havia um primeiro procedimento arbitral antes do início do processo de relicitação da rodovia, visando discutir eventos de desequilíbrio econômico-financeira. As discussões deste tópico tratam do segundo procedimento arbitral, que trata de questões atinentes ao VI.

Como consequência, a ANTT passou a realizar pleitos de fiscalização e de monitoramento de desempenho da concessionária de forma unilateral (sem o auxílio de um verificador independente), impondo multas e sanções à CONCEBRA, pelo alegado descumprimento das cláusulas do aditivo contratual e pelo desempenho deficiente na manutenção e operação do trecho concedido. Um resumo das questões tratadas no procedimento arbitral pode ser consultado abaixo, conforme exposto nas alegações iniciais apresentadas pela concessionária:

> [...]
>
> 4. Além de novos desequilíbrios econômico-financeiros surgidos após a instauração do primeiro procedimento arbitral, no bojo da execução do 2º Termo Aditivo, em decorrência da mora administrativa da Requerida no cumprimento de suas obrigações contratuais e que afetam o desempenho operacional da Concessionária, a presente arbitragem tem por objeto, também, a solução de controvérsia surgida entre as partes com relação à necessidade de contratação de verificador independente, acordada expressamente no aditivo com base no art. 7º, parágrafo único, do Decreto nº 9.957/2019, para "acompanhar o processo de relicitação do contrato de parceria, o cumprimento das obrigações assumidas no termo aditivo e as condições financeiras da sociedade de propósito específico".
>
> 5. Não obstante o propósito claro da contratação do verificador independente – evitar conflito entre as partes quanto ao cumprimento e à fiscalização do 2º Termo Aditivo diante do estado crítico da rodovia, decorrente dos desequilíbrios sob apuração do Tribunal Arbitral anteriormente constituído e da tarifa extremamente baixa cobrada pela Concessionária por 21 (vinte e um) meses, insuficiente para a execução das obrigações assumidas no Termo de Relicitação –, tal previsão legal e contratual deixou de ser observada pela Requerida nos processos fiscalizatórios empreendidos, em manifesto prejuízo da Requerente.
>
> Com efeito, a despeito das visíveis melhorias promovidas pela Requerente na rodovia, o relatório, produzido de forma unilateral e parcial pela Requerida, apontou, em sede de fiscalização inicial, como "resultado da monitoração realizada no EMPREENDIMENTO e eventuais desconformidades dos elementos em relação ao seu parâmetro de desempenho e funcionalidade" o percentual de 53,86% como Indicador de Desempenho da Concessionária (inferior ao nível mínimo exigido contratualmente).
>
> 7. Como consequência, a Requerida encaminhou à deliberação de sua Diretoria proposta de aplicação à Requerente da sanção de desqualificação prevista na cláusula 12 do 2º Termo Aditivo, o que foi obstado por decisão do Poder Judiciário nos autos de ação cautelar pré-arbitral [...].

8. Após o ajuizamento da referida ação cautelar, a Agência continuou a conduzir processos fiscalizatórios sem a participação do verificador independente, infringindo as mesmas violações contratuais e legais desrespeitadas por ocasião da elaboração do relatório inicial. Ou seja, os vícios outrora acusados foram replicados em novos procedimentos (Relatório Intermediário de Fiscalização, Relatório Final de Fiscalização e Produto 7B da Ernest Young).

9. Nesse contexto, além da confirmação da medida cautelar judicial, busca a Requerente, com fundamento no princípio da inafastabilidade da jurisdição, previsto no art. 5º, XXXV, da Constituição Federal, que o Tribunal Arbitral:

i. defina o escopo de atuação do verificador independente e reconheça a competência desse profissional para realizar o levantamento/monitoração do cumprimento das obrigações pactuadas no 2º Termo Aditivo e a aferição dos indicadores de desempenho da via;

ii. em decorrência do reconhecimento da competência do verificador independente, declare a nulidade absoluta dos processos de fiscalização levados a cabo pela Requerida sem a sua participação, haja vista o descumprimento do parágrafo único do art. 7º do Decreto nº 9.957/2019 e do item 8.2 do 2º Termo Aditivo;

iii. determine que eventuais novos procedimentos de fiscalização/monitoração do cumprimento das obrigações pactuadas no 2º Termo Aditivo e eventual nova aferição dos indicadores de desempenho da via sejam feitos por verificador independente, que deverá, ante a omissão normativa e contratual, definir, de forma técnica e fundamentada, o melhor critério de aferição, à luz do art. 4º da Lei das Agências Reguladora, do art. 884 do Código Civil, do princípio da proporcionalidade e das experiências internacionais, sob pena de se incorrer em novas nulidades;

iv. reconheça os eventos de desequilíbrios econômico-financeiros no Contrato de Concessão que afetam a capacidade operacional e o desempenho da Requerente no adimplemento das obrigações pactuadas, conforme evidenciado nas análises técnicas em anexo, promovendo o correspondente reequilíbrio contratual ou, na eventualidade de extinção da relação contratual antes da prolação da sentença arbitral, condenando a Requerida ao pagamento de indenização correspondente aos efeitos diretos e indiretos do desequilíbrio contratual, em valor a ser apurado no curso do procedimento por meio de produção de prova técnica e em conformidade com os elementos probatórios dos autos.

O procedimento arbitral busca anular a atuação da ANTT na fiscalização do cumprimento do termo aditivo e reconhecer o papel do VI como agente competente para realizar tais atividades.

Para defender seu ponto de vista, a CONCEBRA juntou às suas alegações iniciais um parecer jurídico, elaborado por Rafael Véras de Freitas, acerca da juridicidade dos poderes fiscalizatórios e sancionados da agência reguladora e sobre a nulidade absoluta de todos os processos administrativos de monitoração de cumprimento de obrigações contratuais que não foram realizados pelo verificador independente.

Além disso, a concessionária sustenta a clareza da regulamentação sobre relicitação (Decreto presidencial nº 9.957/2019):

> Art. 7º Caberá à agência reguladora competente ou ao Ministério da Infraestrutura, quando for o caso, adotar as medidas necessárias à realização da relicitação do empreendimento qualificado nos termos do disposto no Capítulo II, em especial:
> [..]
> Parágrafo único. A agência reguladora competente contratará empresa de auditoria independente para acompanhar o processo de relicitação do contrato de parceria, o cumprimento das obrigações assumidas no termo aditivo e as condições financeiras da sociedade de propósito específico.

A requerente afirma que enquanto não fosse realizado o procedimento de contratação do VI, não poderia a ANTT ter realizado procedimentos de fiscalização ou imposto autos de infração ou multas relacionadas ao 2º termo aditivo ao contrato de concessão. Nessa linha, a CONCEBRA chega a afirmar o seguinte:

> 181. Por fim, enfatize-se que todos os processos de fiscalização empreendidos pela Requerida não foram acompanhados por verificador independente. Isto é, ainda se encontra pendente a contratação desse terceiro imparcial, o que implica, necessariamente, a nulidade absoluta de todo e qualquer processo administrativo fiscalizador realizado no âmbito do então vigente 2º Termo Aditivo, haja vista manifesta violação às disposições contratuais e legais elencadas.
> 182. E mais: estando os processos fiscalizatórios eivados de nulidade absoluta, deve ser afastada qualquer possibilidade de: (i) convalidação dos vícios insanáveis neles identificados; e (ii) aproveitamento dos dados de relatórios de monitoração que violam disposição contratual e legal para embasar qualquer ato regulatório ou contratual por parte da Agência.

Para além disso, em seu pleito arbitral, a concessionária questiona as metodologias adotadas pela ANTT, no seu monitoramento de desempenho. Para tal, a CONCEBRA alega a adoção de parâmetros de avaliação abstratos e pouco objetivos, que facilitariam análises prejudiciais à concessionária, conforme assentado do excerto abaixo (das alegações iniciais):

> Do evidente prejuízo decorrente da escolha de parâmetros metodológicos pela Agência – Da omissão regulatória-contratual da metodologia de apuração dos indicadores de desempenho
>
> 190. Outrossim, impende trazer ao conhecimento desse Tribunal Arbitral outra inconsistência identificada na fiscalização levada a efeito pela Requerida, cujo prejuízo causado à Requerente certamente poderia ter sido evitado se tivesse objeto de controle e definição pelo verificador independente.
>
> 191. Tal inconsistência decorre de lacuna normativa e contratual – isto é, ausência de previsão de parâmetros objetivos – que vem resultando numa prática, pela Requerida, de apuração do desempenho da Requerente mediante a aplicação de metodologia mais punitiva, escancaradamente irracional, injusta e desproporcional, que não tem aptidão para a mensurar com exatidão a qualidade dos serviços prestados e não reflete, de forma proporcional, eventuais descumprimentos contratuais por parte da Requerente, na contramão daquilo que dispõe o art. 4º da Lei das Agências Reguladoras (Lei n. 13.848/2019)38 e em manifesto enriquecimento indevido do Poder Concedente.

A CONCEBRA questionou, também, as metodologias adotadas pela ANTT, contestando os fatores de desempenho considerados pelo ente regulador.

Por fim, a requerente também pontua que o seu desempenho teria sido prejudicado por eventos de desequilíbrio econômico-financeiro, alegando a "mora ou atraso da Requerida na promoção do reequilíbrio de outros eventos ordinários e extraordinários que acometeram a prestação do serviço público após a instauração do procedimento arbitral em curso".

Em suma, essa referência diz respeito a um procedimento arbitral instaurado anteriormente (que não guardou relação com a atuação de eventual verificador independente), mas sim se discutiu os eventuais desequilíbrios econômico-financeiros decorrentes: (i) dos efeitos da pandemia de covid-19 (acarretando em uma grande variação da demanda de usuários pagantes da rodovia); (ii) da não realização da 5ª Revisão Ordinária e da 9ª Extraordinária e atraso na aplicação da 6ª Revisão Ordinária e 10ª Revisão Extraordinária; (iii) do não recebimento da contraprestação pela execução de obra emergencial; e (iv) da mora na implementação do reajuste anual das tarifas de pedágio. Assim, a concessionária assenta a necessidade de afastar a sua responsabilidade de eventuais deficiências na prestação de seus serviços, haja vista a situação financeira calamitosa da concessão, por decorrência de eventos e moras atribuíveis ao poder concedente, conforme assentado abaixo:

> 233. O não reequilíbrio tempestivo afetou a capacidade operacional e econômico-financeira da Concessionária enquanto lhe era exigido fazer frente às obrigações acordadas no 2º Termo Aditivo, as quais, diante do contexto de gravíssimo desequilíbrio contratual inaugurado pelos eventos acusados na primeira arbitragem instaurada pela Requerente, mostravam-se extremamente desafiadoras.
>
> 234. Portanto, em decorrência do reconhecimento da responsabilidade da Requerida pelos eventos de desequilíbrio econômico-financeiro no Contrato de Concessão, impõe-se o afastamento da responsabilidade da Requerente, à luz da exceção do contrato não cumprido, em relação às eventuais inexecuções contratuais relativas às sinalizações horizontais e verticais da rodovia que possam vir a ser identificadas em fiscalizações e avaliações válidas, que têm como causa a insuficiência financeira relacionada aos eventos de desequilíbrio discutidos nesta arbitragem, de forma a obstar-se a aplicação de qualquer sanção ou reflexo na apuração do índice de desempenho da Concessionária.

Em síntese, a concessionária justifica a nulidade das avaliações realizadas pela ANTT, tendo por conta a falta de um VI habilitado nessas conferências, bem como os prejuízos causados pelos eventos de desequilíbrio econômico-financeiro da concessão.

Como mencionado antes, esses pleitos ainda não contam com sentença arbitral proferida, não sendo possível atestar, até o presente momento, o resultado ou acolhimento das alegações realizadas.

De qualquer modo, interessante notar que há uma visão de concessionárias que reforçam a importância de verificadores independentes, mesmo quando há agências estruturadas com papel relevante no processamento do projeto.

Esse é um tema que merece relevo. Embora sejam particularmente importantes em contextos sem uma regulação, fiscalização e gestão estruturadas, os verificadores podem ter um papel de apoio também nos contextos em que haja agência reguladora com a incumbência de realizar essas atividades.

Seria não somente um apoio às atividades de monitoramento, mas também uma espécie de "fiel da balança", para avaliar e ponderar se os posicionamentos de ambas as partes não estariam revestidos de vieses para um lado ou outro. Não é que o verificador seja a autoridade nas temáticas a ele submetidas, mas como sua atuação não é subordinada a quaisquer das partes, a intenção que norteia sua atuação é a de zelar para que haja um juízo do de razoabilidade do ponto de vista técnico.

1.4. Um possível conceito para verificação independente

Ao final das análises realizadas nos contratos de PPPs (e algumas concessões), e considerando disposições legislativas, regulamentares, doutrinárias, jurisprudenciais, cabe trazer uma primeira conceituação do que seria um verificador independente.

A principal característica desse ator deve ser, mesmo, sua independência em relação a ambas as partes contratantes. É por isso, inclusive, que são necessárias balizas para sua atuação. Essas balizas devem se prestar a evitar conflitos de interesses e permitir uma atuação que seja imparcial e o mais técnica possível.

Trabalham em benefício do contrato de concessão. E não para uma parte ou para outra. Devem zelar para que o arcabouço contratual seja respeitado e apoiar no preenchimento de eventuais lacunas, buscando um juízo de razoabilidade.

A base do trabalho de verificação diz respeito à análise dos parâmetros de desempenho e do cumprimento dos termos contratuais. No entanto, essa base é complementada por atribuições muito mais completas diante da própria natureza dos contratos de longo prazo.

Explica-se: as lacunas contratuais são naturais em contratos incompletos,[31] como são as concessões. Os documentos contratuais funcionam como uma moldura para regrar situações futuras projetadas. E por que "moldura"? É que não seria possível pormenorizar ou detalhar o conteúdo na minúcia, com a intenção de prever, contratualmente,

---

[31] FREITAS, Rafael Véras de. Regulação por contratos em situações de incertezas. *Revista Interesse Público*, Belo Horizonte, ano 23, n. 125, p. 187-231, jan./fev. 2021. GARCIA, Flávio Amaral. A mutabilidade e incompletude na regulação por contrato e a função integrativa das agências. *Revista de Contratos Públicos* – RCP, Belo Horizonte, ano 3, n. 5, p. 59-83, mar./ago. 2014. KNIGHT, Frank H. Risk, uncertainty and profit. London: Houghton Mifflin, 1921. Second Edition, 1933. GOMES, Milton Carvalho. Riscos e incertezas em contratos públicos de concessão: uma análise econômica da repartição de responsabilidades. *Revista Jurídica Luso-Brasileira*, ano 6, nº 4, p. 2179-2239, 2020. Disponível em: https://www.cidp.pt/publicacao/revista-juridica-lusobrasileira-ano-6-2020-n-4/209. Acesso em: 7 jul. 2023. ANDRADE, Rogério P. A Construção do conceito de incerteza: uma comparação das contribuições de Knight, Keynes, Shackle e Davidson. *Nova Economia*, vol. 21, n. 2, maio/ago., 2011.

tudo aquilo que poderia acontecer nos anos vindouros; até porque é impossível trabalhar com uma projeção que ateste, exatamente, o que o futuro reserva – ainda mais no curso de um prazo longo, como é característico desses projetos de concessão. E em especial em um contexto de profunda evolução tecnológica que pode transformar o conceito de "serviço adequado" em um piscar de olhos.

Cabe, nessa moldura, o tratamento metodológico das situações, mais do que a descrição minuciosa de cada possível circunstância. É dizer: reconhecer que as mudanças acontecerão e que incertezas e riscos se materializarão. Diante das inevitáveis mudanças, as revisões (tanto ordinárias quanto extraordinárias) devem ser regradas de forma a incorporar mecanismos que sejam flexíveis para que o regramento contratual se torne aderente à realidade que se apresenta com o passar do tempo.

Ter um verificador independente atuando no projeto pode ser importante, inclusive, para robustecer as justificativas técnicas que viabilizam os ajustes necessários. As revisões contratuais – que fazem parte da rotina corriqueira de um contrato como esse – devem ser apoiadas por documentos que embasam as tomadas de decisão. A fundamentação do ato administrativo deve ser facilitada a partir dos laudos e pareceres emitidos pelos verificadores.

Isso ajuda a proteger a decisão e o próprio gestor público que a tomou. Talvez até mesmo por isso a atividade de verificação esteve associada à mensuração de *performance* da concessionária. Com a possibilidade de pagamentos variáveis em função do desempenho, essa passa a ser uma atividade importante e sujeita a contraditórios. Além disso, muitas vezes é o foco da atuação dos controles, que avaliam se o dispêndio público está calibrado com a necessidade e qualidade do gasto.

As receitas da concessão e o desempenho da concessionária são pontos muito importantes que desdobram efeitos para diversas outras vertentes contratuais. Tangenciam, por exemplo, processos de recomposição de equilíbrio contratual, cálculos de indenizações, amortização de investimentos realizados e tudo o que mais se relacionar com as receitas do projeto.

Sem contar que essa verificação de desempenho toca em um aspecto fundamental da concessão, que é o motivo pelo qual, de fato, se opta por delegar o serviço a um particular e de acordo com esse arranjo: a prestação do serviço de forma adequada.

Então, pode fazer sentido que aquele que avalie o desempenho e os cálculos dos valores devidos à concessionária possa ser, também, um ator que participe de outros temas correlacionados. Vai ter, naturalmente, conhecimento para contribuir com demandas relacionadas a outras temáticas associadas.

A participação de um verificador independente para otimizar a gestão de temas importantes à concessão pode ser especialmente interessante em contextos em que a Administração Pública não tenha, ainda, vivenciado a execução de um contrato de parceria. Há contratos[32] que dispõem sobre a necessidade de o VI estruturar e ministrar capacitações para o Poder Concedente a respeito de PPPs – e trazer ferramental prático para apoiar no endereçamento das situações que vierem a se apresentar.

Mesmo em contextos em que os Entes já sejam experimentados – e até mesmo quando já há agências reguladoras dedicadas a regular e monitorar os serviços delegados por meio de concessões –, a figura de um verificador independente pode ser útil. Não por outro motivo, há estados e municípios que têm agências reguladoras e também optam por contratar verificadores. Mesmo em âmbito federal, com agências bastante protagonistas, há uma crescente demanda por verificadores independentes.

É que os verificadores atuam se dedicando especificamente a um projeto. Já as agências e os departamentos de estado têm uma atuação voltada para a gestão de um setor inteiro, por completo. Os verificadores, porém, têm o olhar dedicado àquele universo contratual, de fazer valer a regulação daquele projeto para o qual tenham sido contratados.

Talvez por isso tenham recebido, com o passar dos tempos, incumbências relacionadas ao apoio à fiscalização e monitoramento que são realizados pelas agências ou departamentos estatais. Esse acompanhamento requer conhecimentos complexos e multidisciplinares e, quem sabe, por isso os verificadores se adaptam tão bem a essa função: são empresas (ou consórcios de empresas) que devem reunir expertise suficiente para suprir os conhecimentos necessários – seja por meio de corpo técnico próprio, seja por terceiros contratados.[33]

---

[32] O caso da Concessão de Iluminação Pública de Fazenda Rio Grande, no Paraná, ilustra essa preocupação. O contrato estabelece, por exemplo, que o verificador independente deverá, no prazo de até 90 dias contados da data de eficácia da concessão, estruturar e ministrar capacitação para o Poder Público contratante. Diversos contratos estruturados pela Caixa contêm essa disposição.

[33] Se não for possível suprir todas as demandas com os empregados da(s) empresa(s) contratadas, os verificadores devem ter a liberdade de subcontratar profissionais ou empresas que possam apoiar pontualmente em alguma demanda – sendo eles os verificadores, os responsáveis finais pela qualidade dos serviços prestados no âmbito da verificação.

Esse é um dos pontos que diferencia os verificadores dos *"dispute boards"*.[34] Esses comitês devem ser formados por especialistas, pessoas físicas que agregam seu olhar técnico sobre disputas já materializadas ou pontos de atenção que podem vir a se tornar conflitos entre as partes contratantes. Podem fazer o acompanhamento permanente e perene do contrato de concessão ou atuar sob demanda.

É um mecanismo de prevenção e resolução de conflitos. Solucionar controvérsias é o foco principal dos *dispute boards*. Organizados tipicamente como "juntas técnicas", "comitês de especialistas", "comissões permanentes de solução de disputas", estão sempre focados em trazer soluções tecnicamente adequadas para divergências que se apresentem.

Os *dispute boards* tomam decisões. Essas decisões são, geralmente (a depender da regulamentação específica), vinculantes às partes. Quer dizer: para uma decisão ser desconstituída, a parte deve questionar sua validade perante um painel ou câmara arbitral, ou perante o judiciário (a depender da via escolhida pelo contrato de concessão). A decisão tomada por esse comitê de *experts*, via de regra, não passa por uma revisão da agência ou do órgão governamental para que tenha, de fato, validade.

Os *dispute boards* podem e devem se valer de contribuições trazidas pelos verificadores para sua tomada de decisão. Alguns contratos já mencionam expressamente essa possibilidade, para reconhecer que os verificadores podem colaborar tecnicamente com o painel de especialistas.

No caso dos verificadores independentes, são raras as ocasiões em que sua decisão é vinculativa. Dependem, para sua aplicabilidade, de chancelas concedidas pelo poder concedente. Os pareceres e documentos emitidos pelos verificadores têm, muito mais, um caráter orientativo e de fundamentação para uma decisão que deverá ser tomada pelas partes.

Os verificadores contribuem com a gestão contratual, justamente por também se dedicarem às questões mais corriqueiras do contrato. A apuração do desempenho, a aplicação de penalidades, as possíveis interpretações de lacunas contratuais são temáticas que não necessariamente gerarão conflitos – e, portanto, não serão submetidos aos

---

[34] Dispute Boards nos Contratos de Infraestrutura: Análise das decisões dos Tribunais. Dez. 2023. Disponível em: https://conhecimento.fgv.br/sites/default/files/2025-01/publicacoes/db-azul-relatorio_disputeboard.pdf. Acesso em 12 fev. 2025.

dispute boards –, mas que podem se beneficiar de um olhar neutro de um terceiro contratado (os verificadores).

E mesmo nos procedimentos de revisões e recomposição do equilíbrio econômico-financeiro das concessões, em que os verificadores podem e devem apoiar, não serão eles a tomar as decisões sobre como o contrato deverá ser reequilibrado.

Poderão, sim, realizar todos os exercícios técnicos e cenários de cálculos das alternativas possíveis, bem como analisar os argumentos apresentados por ambas as partes, e avaliar se o evento materializado gerou impactos e prejuízos para as partes. Poderão dimensionar esses impactos e prejuízos, calculando os montantes em desequilíbrio. Mas todos esses documentos devem instruir um procedimento administrativo que fundamente as decisões que serão tomadas.

Em suma, o verificador independente pode ser considerado um terceiro que não tem vínculo de subordinação técnica – por isso é independente –, que é responsável não apenas por aferir e reforçar os parâmetros de desempenho e os termos contratuais, mas também por auxiliar de fato no adequado desenvolvimento de toda a relação jurídica a longo prazo firmada entre os contratantes.

Um desafio importante para os verificadores independentes diz respeito à legitimação dessa figura perante as duas partes contratantes. Faz parte da natureza da verificação a emissão de opiniões e orientações que nem sempre vão refletir a visão das partes sobre determinada matéria.

O verificador independente deve ter a prerrogativa de divergir ou de mostrar caminhos distintos do que aqueles apresentados pelas partes. Até o momento, não há regramentos (legislativos, regulamentares ou contratuais) que tenham tratado da temática. Não é fácil assegurar essa proteção ao verificador contra o efeito de desagradar as partes (ou uma das partes).

Um rol de proteções asseguradas contratualmente ao verificador independente poderia incluir, por exemplo, disposições no sentido de assegurar que o VI contratado não poderia ser afastado ou substituído (durante a vigência de sua contratação), a não ser em casos relacionados à má prestação dos serviços de verificação. Ainda, poderia ser prevista a necessidade de sempre haver manifestações técnicas do VI, que seriam encartadas nos processos, para situações envolvendo remuneração do parceiro privado, equilíbrio contratual, indicadores de *performance* – dentre outras matérias pertinentes a cada PPP.

Isso evitaria situações de ostracismo, alienação ou retaliação dos verificadores nos processos, o que poderia ser uma consequência natural se o verificador apresentasse visões diferentes do que uma das partes.

Não quer dizer, entretanto, que o verificador independente deve apresentar orientações que sejam totalmente defasadas ou não aderentes ao que as partes apresentam. Pelo contrário. Possivelmente o bom verificador independente será aquele que conseguirá, em maior medida, conciliar interesses e ir preenchendo as lacunas contratuais com interpretações que representem um ponto ótimo de acordo entre partes que, no mais das vezes, sustentarão posições conflitantes ou divergentes. Apresentar um caminho técnico possível, que equacione a distância entre o que sustenta a concessionária e o que sustenta o Poder Concedente, seria a postura mais desejável para um verificador.

É por isso, inclusive, que o verificador poderia ser contratado, também, como um instrumento a serviço da consensualidade, para a prevenção e enfrentamento de disputas – não para criar novas instâncias, mas sim para facilitar diálogos corriqueiros que nem sempre são naturais entre as Partes.

Feitas as apresentações iniciais sobre o tema e tecidas algumas considerações sobre a figura do verificador independente, será explicado, no próximo capítulo, o caminho metodológico percorrido. Em seguida, será enfocado o levantamento empírico realizado com os diversos contratos de PPP celebrados no Brasil entre os anos de 2012 e 2023. As conclusões e recomendações estão descritas no fechamento de cada um dos capítulos e serão também retomadas na conclusão final do livro.

2

METODOLOGIA DE PESQUISA

A pesquisa realizada contou, inicialmente, com a busca de um referencial acadêmico ou legislativo acerca do tema dos VIs. Contudo, como adiantado na Introdução deste livro, foi constatada a quase inexistência de qualquer legislação[35] que tratasse, de forma geral ou detalhada, das competências, funções e dos limites de atuação dos VIs. Apenas na Lei Estadual nº 5.829/2022 do estado de Mato Grosso do Sul[36] (que dispõe sobre o programa estadual de parcerias) foi encontrada uma disposição expressa acerca dos VIs, conforme exposto abaixo:

> Art. 40. Os **contratos de parceria poderão prever a contratação de verificadores independentes dentre os previamente credenciados na Agência Estadual de Regulação de Serviços Públicos de Mato Grosso do Sul**, para subsidiar a gestão contratual e, entre atribuições na forma

---

[35] As normas acerca do tema, quando encontradas, diziam respeito a procedimentos de credenciamento de verificadores independentes, a serem selecionados e contratados para acompanharem projetos de PPPs. Nesse sentido, destaca-se o Decreto nº 15.355, de 29 de janeiro de 2020. Regulamenta o credenciamento de verificador independente a ser contratado nas Concessões Comuns e nas Parcerias Público-Privadas realizadas no âmbito do Estado de Mato Grosso do Sul. Campo Grande, MS, 2020. Cf. BRASIL. *Decreto nº 15.355, de 29 de janeiro de 2020.* Dispõe sobre as regulamentações de credenciamento de verificador independente a ser contratado nas Concessões Comuns e nas Parcerias Público-Privadas realizadas no âmbito do estado de Mato Grosso do Sul. Disponível em: https://www.tjms.jus.br/legislacao/public/pdf-legislacoes/decreto_n._15.355.pdf. Acesso em: 4 ago. 2023.

[36] MATO GROSSO DO SUL. *Lei nº 5.829, de 9 de março de 2022.* Dispõe sobre: Programa de Parcerias do Estado de Mato Grosso do Sul (PROP-MS), Mato Grosso do Sul, 2022. Disponível em: https://www.legisweb.com.br/legislacao/?id=428412#:~:text=Institui%20o%20Programa%20de%20Parcerias,de%20Mato%20Grosso%20do%20Sul.&text=Art. Acesso em: 2 maio 2024.

da lei e do contrato, monitorar e aferir o desempenho do parceiro privado, auxiliar o Poder Concedente na fiscalização, dentre outras, e que estejam aptos a atuar com total imparcialidade e independência frente às partes.

Parágrafo único. O edital de licitação ou o contrato deverá indicar o prazo para contratação do verificador independente, assim como a parte responsável por sua contratação e remuneração. (Grifos meus)

Mesmo assim, não foi encontrada uma previsão legislativa em âmbito nacional ou uma disposição legal detalhada, em esfera regional, que delimite o conceito do VI, suas potencialidades e limites de atuação. Trabalhos doutrinários acerca do tema também não foram localizados, ressalvadas raras exceções, como o estudo desenvolvido por Danuza Aparecida Paiva[37] e disposições pontuais em trabalhos que versavam sobre outros temas, bem como definições em alguns manuais de estruturação de PPPs.[38]

Diante disso, foram eleitas três estratégias centrais para avaliar a forma como a figura do VI vem sendo empregada nos projetos de PPP no Brasil: (i) análise empírica dos projetos de PPP já realizados no país, para compor a amostra de contratos que previram a figura do VI e algum regramento quanto a sua atuação; (ii) pesquisa jurisprudencial no âmbito das cortes judiciais e de controle, sendo especialmente enfocado o entendimento do Tribunal de Contas da União acerca das balizas impostas ao instituto; e (iii) estudo de práticas internacionais de gerenciamento de contratos de PPP, de forma a averiguar a existência de uma figura assemelhada ao VI em alguns países-membros da Organização para a Cooperação e Desenvolvimento Econômico (OCDE).[39]

---

[37] PAIVA, Danuza Aparecida. *Fiscalização da execução contratual de parcerias público-privadas e o papel dos verificadores independentes (VIs) (manuscrito)*: a experiência da utilização de VI em contratos de PPPs celebrados em Minas Gerais. Belo Horizonte: UFMG, 2022. Disponível em: https://repositorio.ufmg.br/bitstream/1843/47309/1/FINAL%20_%20PAIVA%20Danuza%20Aparecida%20de.%20Fiscaliza%c3%a7%c3%a3o%20da%20execu%c3%a7%c3%a3o%20contratual%20de%20parcerias%20p%c3%bablico%20privadas%20e%20o%20papel%20dos%20verificadores%20independentes.pdf. Acesso em: 10 fev. 2024.

[38] Os exemplos encontrados que melhor tratam do tema são o Manual para Estruturação de Verificadores Independentes de Minas Gerais, desenvolvido pela Secretaria do Desenvolvimento Econômico, e o Manual de Parcerias do Estado de São Paulo.

[39] Deve ser pontuado que países da América Latina, como Chile e Colômbia, também têm destaque na estruturação e gestão de projetos de PPPs. Contudo, as fontes de informações públicas para consultar os detalhes destes projetos são escassas.

O trabalho empírico realizado se restringe à análise de contratos de parcerias definidas pela Lei nº 11.079/04.[40] Esse recorte se justifica pelo fato de serem os contratos de PPP remunerados pelo Poder Concedente e de seguirem uma lógica de *performance* atrelada à remuneração. Nesse contexto, surgiram os indicadores de desempenho que impactam a remuneração dos parceiros privados (como se verá ao longo deste trabalho).

Tendo em vista que a atuação dos verificadores independentes teve sua origem associada à avaliação do cumprimento de tais indicadores, optou-se por comparar a evolução dessa figura a partir desses contratos. A compreensão do tema da verificação passa mesmo por uma análise documental, que mostrará a prática de alocação de atribuições a esse terceiro alheio às partes contratantes.

Contratos de concessões comuns ostentam atualmente regramentos até inovadores a respeito da atuação do VI. Entretanto, não foi possível estabelecer uma base comparativa de sua atuação no âmbito desse tipo de contratação, uma vez que a previsão desse instrumento nos contratos regidos pela Lei nº 8.987/95 são mais recentes. Como a intenção do trabalho é também estabelecer uma análise da evolução e da eventual transformação dos regramentos relacionados ao VI, a amostra zelou por trazer elementos que permitissem comparar as condições das contratações que previram esse ator.

Para fins de ilustração, com a intenção de extrair elementos conceituais sobre a figura do verificador independente, poderão, entretanto, ser utilizados exemplos de projetos de concessões comuns. Ainda, os únicos achados de pesquisa relacionados ao posicionamento das cortes de controle e das cortes judiciais dizem respeito a projetos de concessões regradas pela Lei nº 8.987/95.

Ainda que, para assegurar a comparabilidade e para demonstrar a evolução da figura, a amostra tenha considerado apenas contratos de concessões patrocinadas e administrativas, as conclusões sobre a verificação independente poderão ser também aproveitadas em contratos de concessão comuns. Por essa razão, as análises feitas para além da amostra inicial poderão contemplar projetos regidos pela Lei nº 8.987/95. Em especial, serão trazidos contratos bastante recentes, que traduzem uma visão até mais alargada das competências desse terceiro.

---

[40] Embora, historicamente, os VIs tenham começado a aparecer, tipicamente, em contratos de PPPs, essa figura também pode ser prevista em contratos de concessões comuns (regidas pela Lei nº 8.987/95).

Feitas essas ressalvas, cumpre esclarecer que, nesta pesquisa empírica, foram analisados todos os contratos de PPP (concessões administrativas e patrocinadas) assinados entre janeiro de 2012 e dezembro de 2023, mapeados pelo repositório do Radar PPP.[41] Foram considerados projetos em todos os níveis federativos (municipais, estaduais e federal).[42] O período foi escolhido por congregar a maior recorrência de projetos de PPP no Brasil (apesar de o primeiro deles datar do ano de 2006).[43] Somam-se a isso o fato de os projetos anteriores ao ano de 2012 terem documentação correspondente bastante escassa e a dificuldade de acesso a seus contratos e anexos, que não são disponibilizados digitalmente ao público, o que inviabilizou a análise das métricas de pesquisa, apresentadas a seguir.

Tal como referido, as PPPs mapeadas foram identificadas a partir de levantamento público realizado pelo Grupo Radar PPP,[44] que, através de seu "resumo de contratos", mapeia todas as parcerias que tiveram a sua execução iniciada. Disso, foi possível abstrair um total de 231 projetos[45] que tiveram seu contrato de PPP assinado em algum momento do período escolhido.

Destacados esses pontos, foi realizada uma pesquisa própria (Apêndice A), que buscou avaliar cada uma das minutas de contrato e anexos dos projetos de PPP disponíveis, que pudessem se relacionar ao tema ou prever disposições e regramentos relativos ao VI.

Além de questões formais, como o tipo de concessão e detalhamentos adicionais acerca dos projetos, a amostra foi detalhada de acordo com os seguintes critérios (conforme consta no Apêndice): (i) previsão de contratação de VI no projeto, (ii) previsão de condições para a seleção do VI, (iii) forma de contratação do VI, (iv) atividades a serem desempenhadas pelo VI, (v) previsão de atividades a serem

---

[41] RADAR PPP. *Resumo de Contratos de PPPs Archives*, s/d. Disponível em: https://radarppp.com/resumo-de-contratos-de-ppps/. Acesso em: 12 fev. 2024.

[42] O Governo Federal não celebrou, até a data de finalização do mapeamento realizado, nenhum projeto de PPP. O levantamento realizado abarcou os contratos celebrados até dezembro de 2023, haja vista que o rol de contratos do ano de 2024, realizado pelo Radar PPP, ainda não havia sido atualizado.

[43] Trata-se do caso da linha 4 amarela do metrô de São Paulo. Entre os anos de 2006 e 2012, foram identificados 31 contratos de PPP, que não foram analisados neste trabalho.

[44] RADAR PPP. *Resumo de Contratos de PPPs Archives*, s/d. Disponível em: https://radarppp.com/resumo-de-contratos-de-ppps/. Acesso em: 12 fev. 2024.

[45] Cumpre salientar que esse total não considera a chamada "taxa de mortalidade dos projetos". Ou seja, dentre as 231 PPPs levantadas, existem casos de encampação e extinção do contrato, entre outros.

prestadas pelo VI, além do monitoramento dos indicadores, (vi) forma de remuneração do VI, (vii) conflitos ou restrições de atuação do VI em outros projetos ou trabalhos, (viii) prazo de duração do contrato do VI, e (ix), de forma adicional, também foram tabelados os grupos empresariais que desempenham o papel de VI (no caso de sua seleção ter sido realizada) em cada projeto, entre outros temas.

Em significativo número das PPPs pesquisadas, não foi possível identificar a previsão ou não do VI na modelagem dos projetos, haja vista que muitos *sites* de entes municipais e estaduais não disponibilizam informações referentes aos projetos de PPP de forma acessível.

No âmbito da pesquisa jurisprudencial, perante o TCU, foi realizado o levantamento de acórdãos no mecanismo de pesquisa de jurisprudência do tribunal. O TCU foi adotado como parâmetro, já que, além de ter capacidade de julgar as contas e analisar a modelagem de projetos federais, tem competência para analisar projetos de órgãos e entes das administrações públicas estaduais e municipais, caso estes recebam transferências de recursos públicos federais.[46] Além disso, as decisões do TCU também são importantes, sendo consideradas parâmetros para discussões nacionais e para os julgados dos tribunais de contas estaduais (apesar de não haver uma vinculação entre as decisões das diferentes cortes de contas).

Para o levantamento dos julgados analisados, foram utilizadas as seguintes palavras-chave nas pesquisas (no campo de busca do *site* do tribunal):[47] "verificador independente" (26 acórdãos como resultado da pesquisa), "verificador de conformidade" (oito acórdãos como resultado da pesquisa), "verificador acreditado" (um acórdão como resultado da pesquisa).

Dos resultados das pesquisas, os acórdãos de 2023 não foram incluídos na tabela por tratarem do processo de fiscalização em concessões, não havendo considerações relevantes acerca da figura do VI.[48] Ademais, acórdãos em que apenas se constatou a citação do nome do

---

[46] SUNDFELD, Carlos Ari *et al*. O valor das decisões do Tribunal de Contas da União sobre irregularidades em contratos. *Revista Direito GV*, v. 13, n. 3, p. 866-890, dez. 2017. Disponível em: https://www.scielo.br/j/rdgv/a/87Hk5wrRCpCYTkVSZgpY8PN/. Acesso em: 1 out. 2024.

[47] BRASIL. Tribunal de Contas da União. *Pesquisa textual*. Disponível em: https://pesquisa.apps.tcu.gov.br/pesquisa/acordao-completo. Acesso em: 30 abr. 2024.

[48] Acórdãos nº 8/2023, nº 152/2023, nº 252/2023, nº 601/2023, nº 752/2023. Trata-se de informações fornecidas pelos VIs (como seus relatórios e mensurações de desempenho, no âmbito das concessões). Nesses casos, a figura do VI é apenas citada como a fornecedora das informações, mas não é, em si, analisada.

verificador independente, mas sem análise concreta sobre o tema, embora tenham sido examinados, não foram descritos na presente pesquisa. Assim, ao final, foram enfocados nove acórdãos, sendo eles os seguintes: Acórdão nº 2.472/2020, Acórdão nº 4.036/2020, Acórdão nº 4.037/2020, Acórdão nº 498/2021, Acórdão nº 1.766/2021, Acórdão nº 1.769/2021, Acórdão nº 2.804/2021, Acórdão nº 2.147/2022, Acórdão nº 2.534/2022.

Antes de ser realizada a pesquisa no TCU, também foi feita uma busca em dois agregadores[49] de jurisprudência judicial (englobando cortes superiores e estaduais), utilizando-se as mesmas palavras-chave da pesquisa na Corte de contas. Os resultados, contudo, foram insignificantes, sendo identificado apenas um caso em que se discutia, de forma direta, o uso do VI em contratos de delegação de serviços públicos. Essa ação não contou com uma análise efetiva de suas principais questões de mérito, sendo resolvida na argumentação preliminar.

Na presente pesquisa, foi considerada também a existência de experiências internacionais que se pudessem assemelhar à figura do verificador independente. A ideia principal era verificar se havia alguma fonte de inspiração em que o VI pudesse ter sido baseado. Entretanto, realizada a pesquisa sobre países da OCDE – escolhidos por serem economias mais bem desenvolvidas e que, portanto, poderiam representar exemplos interessantes de governança de projetos de infraestrutura –, não foi possível identificar, à luz dos documentos acessados (disponíveis publicamente e virtualmente), algum ator que tivesse características similares à do verificador independente. Somente no caso do Reino Unido foi possível perceber uma relação de inspiração direta. Nenhum outro exemplo guarda características tão similares às do Brasil,[50] o que nos faria concluir que há relação direta entre o verificador e tais atores internacionais.

Resumidamente, os resultados indicam protagonismo não só de entidades governamentais no monitoramento, na fiscalização e na gestão dos contratos de PPP, mas também de agentes externos, como financiadores, seguradores e terceiros contratados para proporcionar apoio à gestão contratual de PPPs. Por essa razão, as considerações

---

[49] Foram utilizadas, para tal, as versões pagas do Buscajuris e do Jusbrasil, que permitem a busca agregada de jurisprudência.
[50] UNITED KINGDOM. HM Treasury. *Standardisation of PF2 Contracts – Draft*. Londres, dez. 2012. p. 180. Disponível em: https://assets.publishing.service.gov.uk/government/uploads/system/uploads/attachment_data/file/207383/infrastructure_standardisation_of_contracts_051212.PDF. Acesso em: 27 nov. 2024.

apresentadas a seguir poderão tangenciar aspectos apreendidos com a pesquisa de experiências internacionais. Não haverá, contudo, um capítulo específico sobre a experiência internacional pesquisada.

Identificadas as ressalvas e premissas metodológicas deste livro, expõem-se, a seguir, as análises realizadas.

3

O EMPREGO DO VI NOS CONTRATOS BRASILEIROS DE PPP: COMO OS CONTRATOS DE PPP TRATAM DO TEMA E COMENTÁRIOS ADICIONAIS

Neste capítulo serão expostos os resultados da pesquisa empírica descrita no capítulo metodológico, realizada a partir do levantamento de contratos do Radar PPP, sobre as PPPs celebradas no Brasil entre 2012 e 2023 (231 projetos nos mais diversos setores, entre concessões administrativas e patrocinadas).

Como se adiantou, a principal intenção do levantamento realizado é de entender como, na prática, vem sendo desenhada a atuação do verificador independente. O espectro temporal analisado permitiu identificar uma evolução quanto aos limites das atividades desempenhadas por esse ator, o que será apresentado adiante.

3.1. Adesão por estados e municípios ao tema da verificação independente nas PPPs

De início, será apresentado um panorama dos setores em que os 231 projetos analisados estão inseridos. A maioria deles diz respeito às PPPs de iluminação pública, seguidos por projetos de resíduos sólidos, de esgotamento sanitário e de energia fotovoltaica. A relação completa pode ser consultada a seguir.

Gráfico 1 – Tipos de serviço concedido

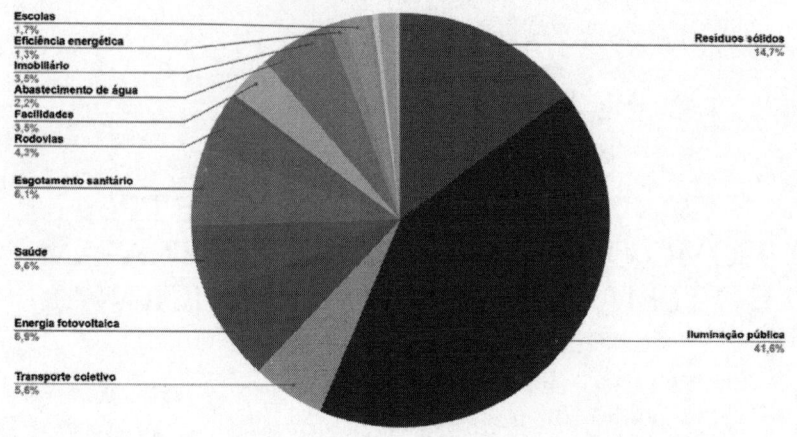

Serviços concedidos

- Escolas 1,7%
- Eficiência energética 1,3%
- Imobiliário 3,8%
- Abastecimento de água 2,2%
- Facilidades 3,5%
- Rodovias 4,3%
- Esgotamento sanitário 6,1%
- Saúde 5,6%
- Energia fotovoltaica 6,9%
- Transporte coletivo 5,6%
- Iluminação pública 41,6%
- Resíduos sólidos 14,7%

Fonte: Elaborado pela autora.[51]

O Gráfico 2, a seguir, traz um dado bastante interessante. Quase metade dos projetos de PPP analisados previram em seus contratos a necessidade de contratação de um verificador independente.

---

[51] O gráfico é baseado no rol total de 231 (duzentos e trinta e um) projetos. Entre as menores fatias do gráfico se encontram os projetos de complexos penitenciários, de exploração de gás, de infovia digital, de cidades inteligentes (projetos que mesclam disponibilização de internet, videomonitoramento e iluminação pública) e de abastecimento de água e de saneamento básico (que congregam a exploração da cadeia de esgotamento sanitário e de abastecimento de água). Os dados do gráfico estão disponíveis no Apêndice A, aba "tipo de serviço concedido".

Gráfico 2 – Previsão de VI nos projetos de PPP

Projeto previu a contratação de VI?

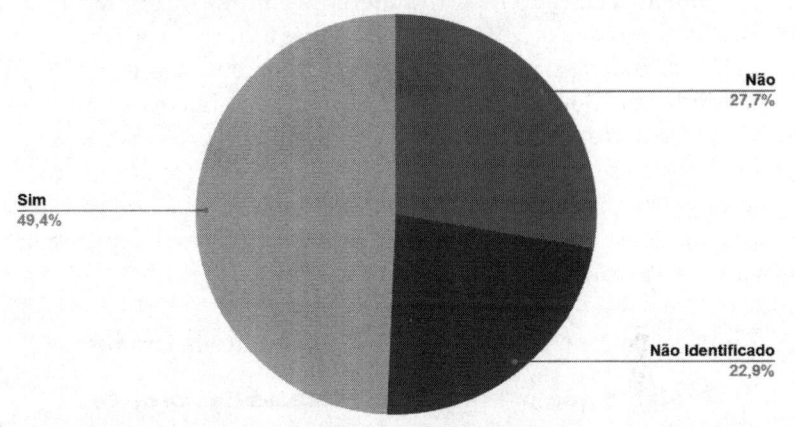

- Não: 27,7%
- Sim: 49,4%
- Não Identificado: 22,9%

Fonte: Elaborado pela autora,[52] baseado no rol total de 231 projetos.[53]

Para entender o grau de adesão municipal e estadual à figura do verificador, considerou-se o número total de projetos celebrados pelos estados e, dentro desse universo, o número de projetos que contavam com VIs. O mesmo foi feito em relação aos projetos municipais.

---

[52] A classe "Não Identificado" se refere aos projetos em que não foi possível afirmar, de forma efetiva, se houve ou não a contratação de verificador independente (considerada a data final de 1.10.2024). Para saber se um projeto de PPP havia ou não previsto a necessidade de contratação de VI, foi consultado inicialmente o resumo de contratos disponibilizado pelo Radar PPP (que disponibiliza informações sobre os projetos), conforme exposto no capítulo metodológico. Feito isso, também foram pesquisados *sites* dos entes federativos titulares dos projetos para avaliar a previsão ou não do VI (com base nos respectivos contratos, anexos e informativos sobre os projetos). A ausência de informações nessas duas fontes levou à classificação na categoria "Não Identificado".

[53] Do total de 231 projetos mapeados, três tiveram o contrato de PPP suspenso e um teve o contrato de PPP rescindido. Nesses quatro projetos, houve a previsão de contratação de verificador independente. Contudo, como não se encontram mais vigentes, foram excluídos do rol de análise dos gráficos subsequentes. Os projetos suspensos ou rescindidos são os seguintes: concessão patrocinada do Veículo Leve sobre Trilhos no Eixo Anhanguera (estado de Goiás); concessão patrocinada do Corredor da PR-323, PRC-487 e PRC-272 (estado do Paraná); concessão administrativa da Ponte Estaiada sobre o Rio Cocó (estado do Ceará) e concessão administrativa para o Tratamento de Resíduos Sólidos Urbanos na RMBH (estado de Minas Gerais). Com essas exclusões, o rol final de PPPs que previram a contratação de VIs passou a ser de 110 projetos de PPP.

Em 62,7%[54] dos projetos estaduais, há previsões sobre a atuação de verificadores independentes. No caso dos contratos municipais, 44% preveem essa figura. Assim, embora em números absolutos os municípios tenham celebrado maior número de contratos com a presença do VI, são os estados os entes mais aderentes à contratação desse ator.

No caso dos estados, a maior parte dos contratos com VIs está concentrada em São Paulo (quatro projetos), na Bahia (cinco projetos), em Minas Gerais (quatro projetos) e no Piauí (quatro projetos). No grupo "municípios", os destaques ficam nas capitais e nas cidades de médio e grande porte (com mais de 200 mil habitantes). Abaixo, apresenta-se o rol de total de concentração de projetos nos entes federativos que previram a atuação de VIs:

Gráfico 3 – Distribuição de PPPs por entes federados

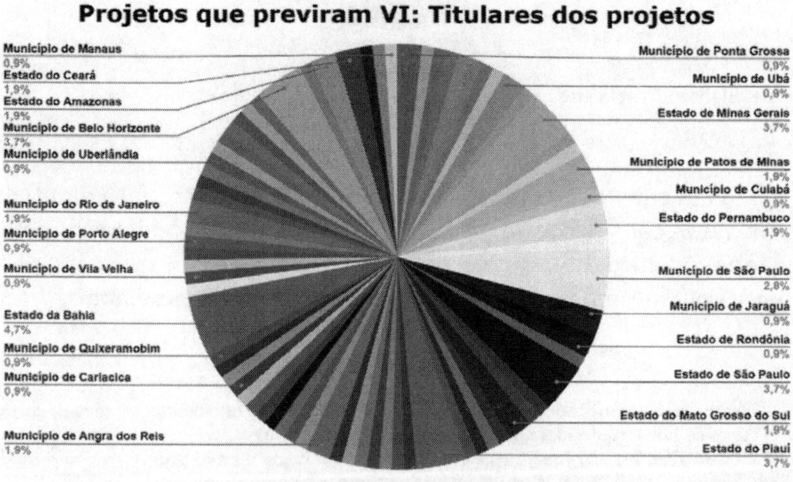

Projetos que previram VI: Titulares dos projetos

Município de Manaus — 0,8%
Estado do Ceará — 1,9%
Estado do Amazonas — 1,9%
Município de Belo Horizonte — 3,7%
Município de Uberlândia — 0,9%
Município do Rio de Janeiro — 1,8%
Município de Porto Alegre — 0,9%
Município de Vila Velha — 0,9%
Estado da Bahia — 4,7%
Município de Quixeramobim — 0,9%
Município de Cariacica — 0,9%
Município de Angra dos Reis — 1,9%
Município de Ponta Grossa — 0,9%
Município de Ubá — 0,9%
Estado de Minas Gerais — 3,7%
Município de Patos de Minas — 1,9%
Município de Cuiabá — 0,9%
Estado do Pernambuco — 1,9%
Município de São Paulo — 2,8%
Município de Jaraguá — 0,9%
Estado de Rondônia — 0,9%
Estado de São Paulo — 3,7%
Estado do Mato Grosso do Sul — 1,9%
Estado do Piauí — 3,7%

Fonte: Elaborado pela autora. O gráfico é baseado no rol total de 110 projetos que previram VIs (excluído o rol de projetos suspensos e rescindidos que haviam previsto VIs).

O perfil dos projetos municipais consultados em que há previsão de contratação de verificadores independentes é preponderantemente

---

[54] Do rol total de 231 projetos mapeados nesta pesquisa, cerca de 51 eram estaduais (excluídos os suspensos e rescindidos). Destes, 31 (62,7%) previram VIs, 13 projetos (25,5%) não previram VIs. Em seis casos (11,8%), não foi possível identificar se havia ou não a contratação (por fatores como a ausência de fontes de dados públicos).

de iluminação pública (54,5%). Destacam-se, também, o setor de resíduos sólidos (17,6%), o de saneamento básico (5,7% somados os projetos de água, esgoto e PPPs integrais) e o de energia fotovoltaica (7,4%).

No âmbito dos estados, as PPPs analisadas, com maior presença de verificadores independentes, são concentradas preponderantemente no setor de facilidades[55] (15,7%) e nos setores de transporte coletivo (13,7%), de rodovias (13,7%) e de saúde (11,8%).[56]

O levantamento empírico demonstra, ainda, uma defasagem entre a previsão do VI no contrato da PPP e a sua contratação efetiva. Muitas vezes, apesar de haver disposições contratuais expressas sobre a necessidade da contratação do verificador independente, a seleção e posterior contratação efetiva desse ator não acontece de fato (ou não pôde ser identificada, dada a escassez de informações públicas).

Para ilustrar essa discrepância, considere-se o universo de 110 contratos que previram o VI e não foram anulados ou rescindidos. Em quase metade desses casos, não foi possível atestar se, mesmo com a previsão contratual expressa, o ente responsável efetivou, de fato, a contratação do verificador (somando-se o rol de contratações não celebradas e não identificadas, conforme apresentado no gráfico a seguir).

---

[55] Pela categoria "facilidades", entendem-se projetos como o Poupatempo paulista, que facilita a emissão de documentos e o acesso de serviços públicos pelos cidadãos.

[56] Se considerássemos as concessões comuns na amostra, o setor que mais se destacaria também seria o de rodovias. Os projetos nesse setor vêm se desenvolvendo expressivamente nos mais diversos estados. Muitos projetos de concessões comuns rodoviárias já contam, também, com a figura dos verificadores independentes. São os casos dos lotes rodoviários de Mato Grosso, Mato Grosso do Sul e Minas Gerais – todos licitados nos últimos três anos. Interessante notar, por exemplo, o movimento feito pelo estado do Rio Grande do Sul. Para os primeiros 2 lotes rodoviários concedidos (RSC 287 e rodovias "Serra Gaúcha" – em 2021), o estado não previu a necessidade da contratação de verificadores independentes. Aquele governo, entretanto, nos novos lotes de concessões rodoviárias incluiu disposições contratuais para prever a contratação de VI desde o início do projeto (conforme documentos submetidos à consulta pública).

Gráfico 4 – Contratação efetiva de VI nos projetos

Houve a contratação efetiva de VI?

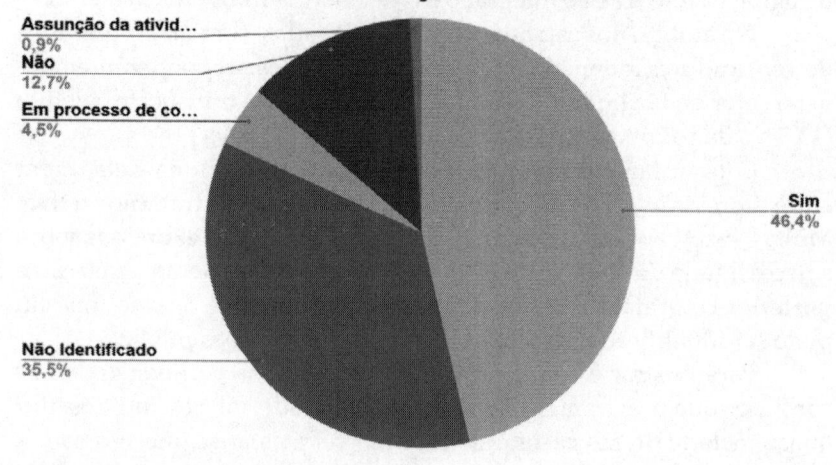

- Assunção da ativid... 0,9%
- Não 12,7%
- Em processo de co... 4,5%
- Não Identificado 35,5%
- Sim 46,4%

Fonte: Elaborado pela autora.[57]

Nos municípios, essa defasagem é ainda maior (em 55,4% dos projetos municipais[58] que previram VI não foi possível identificar sua efetiva contratação). Os dados demonstraram que os estados têm uma tendência maior a perseguir a contratação de verificadores quando há essa previsão nos contratos de PPP celebrados (apenas 31,2%[59]

---

[57] Gráfico baseado no rol total de 110 projetos que previram VIs (excluído o rol de projetos suspensos e rescindidos). Entre as menores áreas do gráfico se encontram a categoria "Assunção da atividade de verificação pelo poder concedente" e a categoria "Em processo de contratação", que se refere aos projetos de PPP que, em 1.10.2014, tinham processos de seleção e contratação de PPPs em andamento (conforme consulta à base de dados do Radar PPP e dos sites dos entes federativos titulares dos projetos).

[58] Dos 110 projetos de PPP que previram a necessidade de seleção e contratação de um VI, 78 eram municipais. Dentro desse rol mais restrito, 33 projetos (42,3%) contaram com a contratação efetiva do VI. Em 32 projetos (41%), não foi possível averiguar a contratação efetiva. Em 11 projetos (14,1%), não tinha havido a contratação do VI até o momento de realização desta pesquisa. Em um projeto, houve a assunção da atividade de verificação pelo Poder Concedente (1,3%) e em um (1,3%) projeto o processo de contratação se encontrava em andamento, considerada a data-base de 1.10.2024.

[59] Dos 110 projetos de PPP que previram a necessidade de seleção e contratação de um VI, 31 eram municipais. Desse rol, 17 projetos (54,8%) contaram com VIs efetivamente contratados. Quatro projetos (12,9%) se encontravam com processos de contratação em andamento em 10.10.2024, sete projetos (22,6%) não puderam ter a contratação de

não foram efetivamente contratados ou não tiveram a contratação identificada).

Algumas podem ser as causas desse dado. De um lado, isso pode indicar alguma dificuldade ou morosidade nos processos de contratação por parte do Poder Concedente, já que as contratações públicas nem sempre são dinâmicas e há todo um aparato burocrático envolvido nelas. De outro, uma possível falta de compreensão do papel do verificador ou, até mesmo, uma percepção do gestor público encarregado da contratação de que esse ator não teria tanta importância no acompanhamento do contrato a ponto de justificar os trâmites e custos adicionais exigidos para a sua contratação. Uma última explicação poderia ser o fato de que, na etapa de gestão dessas PPPs, os desafios acabam sendo tão representativos que a efetiva contratação de tais atores parece ser secundária diante das providências que devem ser tomadas para o início dos projetos.

Independentemente disso, é interessante notar que, na fase de estruturação dos projetos de PPP, cada vez mais têm sido indicadas as contratações de verificadores independentes. Possivelmente, os estruturadores já entenderam a importância de exigir que as partes contratantes se valham de um terceiro tecnicamente competente para apoiar a condução de deveres e obrigações contratuais do Poder Concedente e da Concessionária.

Isso evidencia uma possível resposta dos estruturados a uma exigência crescente de profissionalização e de eficiência na gestão desses contratos, associada a um clamor por maior segurança jurídica nas contratações de PPPs. Em outras palavras, um dos fatores que também motivam a previsão de verificadores independentes nas concessões é a percepção da necessidade de ter instrumentos para a boa condução de tais parcerias. Conforme Célia Almeida:

> A difícil alocação de riscos e encargos, a complexidade dos contratos de PPP e os grandes impactos sociais dos serviços públicos concedidos implicam na demanda por maior precisão e qualidade no processo de regulação, controle e gestão da parceria entre o público e o privado, não só para permitir o regular andamento contratual, mas também para garantir a preservação do interesse público e possibilitar a contrapartida justa pelos serviços prestados pela concessionária.

---

[3] VI identificada, três projetos (9,7%) não tiveram contratação realizada. O percentual de 32,6%, mencionado no texto, considera as categorias "Não Identificado" e "Não", em relação à contratação efetiva de VI.

Em outras palavras, como contratos de PPPs se caracterizam por terem muitas e complexas obrigações contratuais, a sua fiscalização pelo Parceiro Público demanda a existência de corpo técnico com alto grau de especificação e múltiplos conhecimentos, razão pela qual se abre um cenário em que se dá a oportunidade para que o parceiro privado não cumpra todas as suas obrigações contratuais. Assim, o Poder Público necessita estruturar um mecanismo que garanta o melhor controle na execução do contrato de PPP.

Com a assinatura de contratos de PPP, **principalmente nas esferas estaduais e municipais, uma nova questão foi posta: a complexidade na gestão e fiscalização desses contratos.** Justamente por envolver um comprometimento de recursos públicos de longo prazo é que surge, sob a ótica do poder público, a necessidade de garantir o melhor controle na execução do contrato de PPP. **Com intuito de minimizar esse risco, alguns entes têm adotado a contratação de Verificadores Independentes – VI, para auxiliar na complexa gestão dos riscos do contrato, conferindo maior imparcialidade na execução do contrato tanto pelo parceiro público e pelo parceiro privado.**[60] (Grifos meus)

Nesse contexto de avanço e profissionalização, é interessante notar que a estruturação de projetos no Brasil tem-se desenvolvido muito na última década. Contribui para isso, em especial, a presença de estruturadores nacionais e internacionais, como o do Banco Nacional de Desenvolvimento do Brasil (BNDES),[61] o da Caixa,[62] o do Banco Mundial (por meio da International Finance Corporation)[63] e o do Banco Interamericano de Desenvolvimento (BID).[64] Nos projetos municipais, também ganha destaque o IPGC.[65]

---

[60] Cf. ALMEIDA, Célia. Parcerias público-privadas (PPP) no setor saúde: processos globais e dinâmicas nacionais. *Cadernos de Saúde Pública*, 2017. Disponível em: https://www.scielo.br/j/csp/a/drk3GQCxZMTsnwQWxRjJdNQ/?format=pdf&lang=pt. Acesso em: 4 out. 2024.

[61] BNDES. *Oportunidades de investimentos em projetos estruturados pelo BNDES e informações úteis em setores destacados da economia brasileira.* Disponível em: https://hubdeprojetos.bndes.gov.br/pt. Acesso em: 2 out. 2024.

[62] INTERNATIONAL FINANCE CORPORATION/ WORLD BANK GROUP. IFC e Caixa estruturam projetos de PPP para expandir e modernizar a iluminação pública no Brasil. *IFC*, 24 nov. 2021. Disponível em: https://www.ifc.org/pt/pressroom/2021/26728. Acesso em: 5 out. 2024.

[63] CENTRO DE RECURSOS DE PARCERIA PÚBLICO-PRIVADA. *PPPs por setor: Subnacional e Municipal.* Disponível em: https://ppp.worldbank.org/public-private-partnership/sector. Acesso em: 3 out. 2024.

[64] BID. *Projetos.* Disponível em: https://www.iadb.org/pt-br/project-search. Acesso em: 2 out. 2024.

[65] IPGC. *Projetos realizados.* Disponível em: https://ipgc.com.br/. Acesso em: 3 out. 2024.

Esses atores são entidades dotadas de capacidade técnica e notório conhecimento sobre a temática das PPPs e têm impulsionado o desenvolvimento de projetos ao redor do país. Além disso, devido à sua posição de notório conhecimento e respeitabilidade, desempenham o importante papel de disseminar boas práticas nacionais e internacionais em projetos de parcerias por meio de sua atuação nos projetos que estruturam diretamente.

Consequentemente, os modelos contratuais estruturados por essas entidades trazem previsões sobre o apoio de verificadores independentes nos mais diversos setores. Ao que tudo indica, a presença de cláusulas sobre a contratação de tais atores reflete um juízo, dos estruturadores, de que os verificadores contribuem para o fortalecimento da gestão e fortalecem a percepção da segurança para o investidor.

Todavia, a partir do momento em que o contrato de PPP é assinado, os estruturadores não permanecem mais apoiando a Administração na gestão do projeto, o que pode comprometer a concretização de ações posteriores planejadas ainda durante a fase de estruturação e delegadas.

É interessante observar, no entanto, que, segundo os dados analisados, embora a contratação do VI nem sempre se concretize na prática, as chances de que seja efetivada são aparentemente maiores quando sua incumbência fica a cargo do Poder Concedente. Isso é evidenciado pelo levantamento da amostra. Nas situações em que o VI deveria ser contratado pelo Poder Concedente, em 73,9% dos casos isso efetivamente aconteceu (e, ainda, 6,8% estavam em processo de contratação). Por outro lado, quando a concessionária é a responsável por sua contratação, somente em 34,3% dos casos foi possível identificar a efetiva contratação do verificador.

Ocorre, porém, que esse dado pode revelar alguma distorção, já que em mais de 40% dos casos em que a concessionária é incumbida de contratar o VI não é possível saber se efetivamente o fez. Esse número é muito menor nos casos em que a contratação se dá pelo Poder Concedente (10,9%). É possível que isso se deva ao fato de que os contratos celebrados diretamente pelo Poder Público estão sujeitos a uma exigência maior de publicidade do que os contratos celebrados diretamente pelos agentes de mercado.

Então um primeiro elemento digno de reconhecimento diz respeito à necessidade de transparência dos dados e informações referentes à contratação de verificadores independentes. Se as recomendações mais recentes do TCU têm sido voltadas para conferir transparência aos atos dos verificadores, essa orientação parece ainda mais urgente em razão da lacuna que se observou na pesquisa.

Talvez pelo fato de os contratos de verificação independente celebrados diretamente pela Concessionária serem submetidos ao regime jurídico de direito privado haja uma percepção de que eles não precisam, necessariamente, ser publicizados – rememore-se que não recaem sobre os contratos privados os mandamentos de divulgação aplicáveis às contratações da Administração Pública.

A recomendação de divulgação dos contratos, pareceres e das orientações dos verificadores está alinhada com o objetivo de trazer transparência para a gestão dos serviços públicos conduzidos por meio das PPPs.

A publicização do contrato com o verificador independente promove a transparência necessária para permitir *accountability*. Essa medida teria o condão de aumentar o controle social, a fiscalização por parte da sociedade civil e de órgãos competentes, bem como de reforçar a segurança jurídica ao esclarecer os direitos e obrigações de cada parte, reduzindo potenciais conflitos, de fortalecer a confiança de investidores e parceiros, contribuindo para a atração de investimentos, de facilitar a disseminação de boas práticas ao servir de referência para outros projetos e de contribuir para a eficiência na gestão contratual, permitindo o monitoramento e a avaliação do cumprimento das obrigações, o que resultaria em uma gestão mais eficaz e proativa das parcerias público-privadas.

Nesse sentido, talvez uma diretriz importante a ser adotada daqui para a frente seja a de incrementar os normativos regulatórios e contratuais com orientações sobre a forma de divulgação da seleção desses VIs e também de sua efetiva contratação, assim como de seus pareceres e demais documentos exarados.

Outra hipótese associada a uma não contratação efetiva diz respeito à forma de seleção dos verificadores. Em alguns casos, a contratação, ainda que se efetive pela concessionária, depende de uma seleção feita pelo Poder Concedente ou em conjunto com ele. É possível que haja demora ou desistência já na fase de seleção.

3.2. Formas de seleção e contratação dos verificadores

O Manual de Parcerias Público-Privadas do Estado de São Paulo estabelece:

As características do Verificador Independente, bem como a forma de seleção, contratação e pagamento dos seus serviços, deverão estar previstas no contrato. Embora a contratação e o pagamento do Verificador Independente possam ser feitos tanto pelo Poder Concedente quanto pelo parceiro privado, dependendo da previsão contratual, a contratação do VI será sempre submetida à aprovação do Poder Concedente. Quando da contratação do VI pelo Poder Concedente, reduz-se o risco de captura ou opacidade nos critérios de seleção. Por outro lado, a contratação realizada pela Concessionária tende a trazer maior flexibilidade na definição do escopo do VI e maior celeridade no processo de contratação. Independentemente de qual das partes seja responsável pela contratação ou pagamento do Verificador, é necessário que haja a garantia de sua idoneidade e imparcialidade para ambas as partes.[66]

Entretanto, apesar dessas orientações, não existe um comando legal específico que estabeleça qual é o ente responsável pela seleção e contratação dos verificadores independentes. Diante dessa lacuna normativa, o levantamento empírico dos contratos de PPP celebrados foi fundamental para entender o comportamento das entidades administrativas sobre tais aspectos.

O formato de seleção e o de contratação são importantes porque dizem respeito, em especial, a temas fundamentais, como (i) a mitigação do risco de captura do agente, para manutenção de sua imparcialidade e independência, e (ii) a eficiência e a celeridade na contratação do verificador para apoiar a condução da PPP.

Tendo isso em mente, foi destacada no levantamento empírico realizado a forma de seleção dos verificadores independentes. O que se notou a partir desses dados é que, na maioria dos casos, a seleção do verificador está a cargo do Poder Concedente ou é realizada por meio de procedimentos que contem com sua participação na escolha do verificador independente.

---

[66] Cf. SÃO PAULO (Estado). Secretaria de Governo. *Manual de Parcerias do Estado de São Paulo*, 2016. Disponível em: https://www.parcerias.sp.gov.br/parcerias/docs/manual_de_parcerias_do_estado_de_sao_paulo.pdf. Acesso em: 4 out. 2024.

Gráfico 5 – Forma de seleção de VIs

Projetos que previram VI: Forma de Seleção

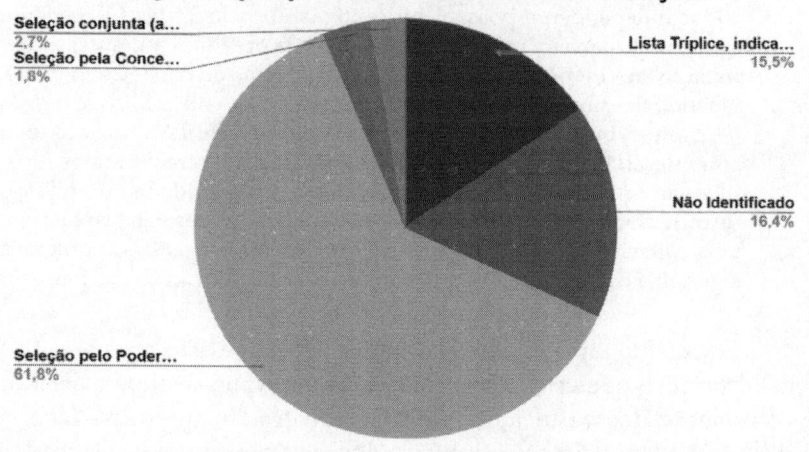

- Seleção conjunta (a...) 2,7%
- Seleção pela Conce... 1,8%
- Lista Tríplice, indica... 15,5%
- Não Identificado 16,4%
- Seleção pelo Poder... 61,8%

Fonte: Elaborado pela autora.[67]

É interessante notar, entretanto, que, se isolarmos os dados apenas dos últimos dois anos pesquisados, há um detalhe que merece atenção. Nos anos de 2022 e de 2023, há um significativo incremento proporcional na seleção de verificadores independentes por lista tríplice, que passa a corresponder a 20,5% do rol total de seleções. Já a seleção pelo Poder Concedente, no período, cai para 50% dos casos. Mesmo quando a seleção é realizada pelo Poder Concedente (ou em conjunto com ele), a concessionária pode ser a responsável pela contratação e pela remuneração do verificador independente, conforme exposto no Gráfico 6 (abaixo).

---

[67] Gráfico baseado no rol total de 110 projetos que previram VI (excluído o rol de projetos suspensos e rescindidos). As categorias indicadas no gráfico, por extenso, são as seguintes: "Lista Tríplice, indicada pela Concessionária"; "Não Identificado"; "Seleção pelo Poder Concedente"; "Seleção pela Agência Reguladora"; "Seleção pela Concessionária"; "Seleção conjunta (*a posteriori*)".

Gráfico 6 – Responsável pela contratação dos VIs

Responsável pela contratação dos VIs

- Agência Regula... 1,8%
- Não Identificado 24,5%
- Concessionária 31,8%
- Poder Concedente 41,8%

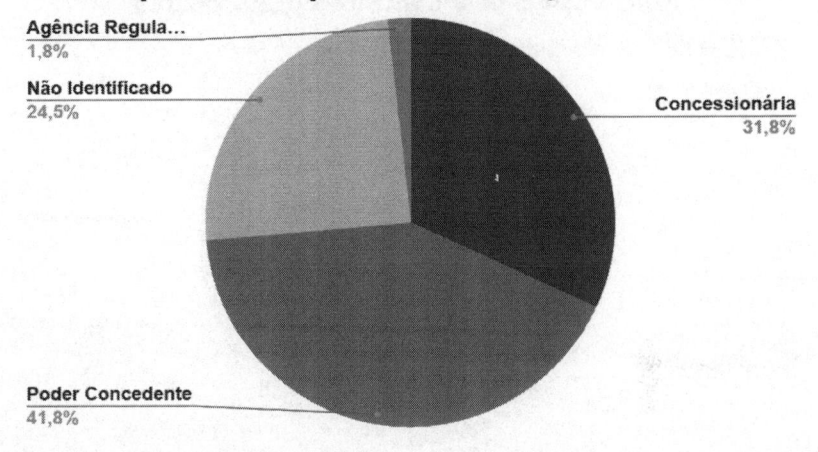

Fonte: Elaborado pela autora.[68]

A amostra apresentou um percentual de casos em que a contratação deve se dar pela concessionária menor que o das hipóteses de contratação pelas agências e poderes concedentes. Se, no entanto, isolarmos os últimos anos, esse cenário muda drasticamente, como se vê no Gráfico 7 (a seguir).

---

[68] Gráfico baseado no rol total de 110 projetos que previram VIs (excluído o rol de projetos suspensos e rescindidos).

Gráfico 7 – Responsável pela contratação do VI (2022-2023)

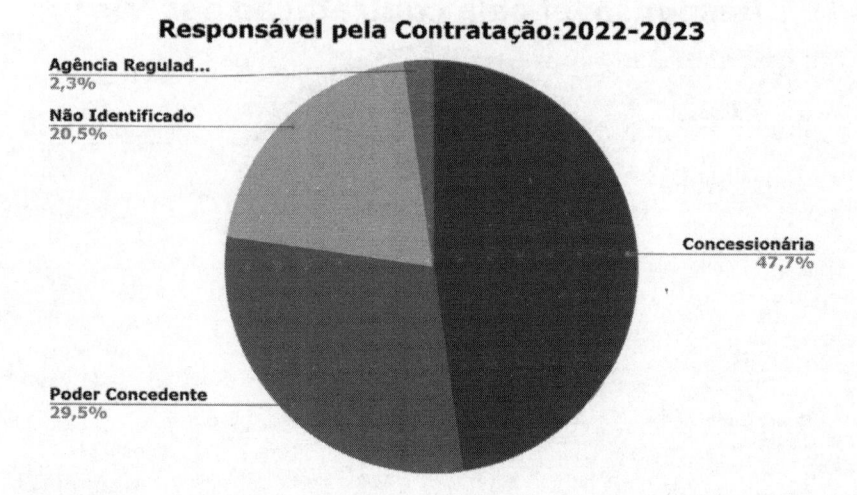

Responsável pela Contratação: 2022-2023

- Agência Regulad... 2,3%
- Não Identificado 20,5%
- Concessionária 47,7%
- Poder Concedente 29,5%

Fonte: Elaborado pela autora.[69]

Nos últimos anos a tendência que vem sendo percebida é a de contratação dos verificadores pelas concessionárias, não mais pelo Poder Concedente ou pelas agências. Esse movimento está alinhado com recomendações mais recentes, validadas pelo TCU, para que se atribua à concessionária a incumbência de contratar (e, em alguns casos, até selecionar) verificadores para apoiar a gestão contratual de PPPs.

Essa percepção tem sido expressa, também, em normativos regulatórios, bem como nos regramentos contratuais. Exemplos recentes disso são os casos da Agência Regulatória de Mato Grosso do Sul e da Agência Nacional de Transportes Terrestres. No caso de Mato Grosso do Sul, a AGEMS (antiga AGEPAN), por meio do Decreto nº 15.355, de 29 de janeiro de 2020, regulamentou o credenciamento de verificadores independentes. De acordo com os regulamentos:

---

[69] Gráfico baseado no rol total de 42 projetos que previram VI (excluído o rol de projetos suspensos e rescindidos), considerando os anos de 2022 e 2023.

Caberá à SPE contratar o Verificador Independente dentre aqueles regularmente credenciados pela AGEPAN para exercer tal função, conforme Decreto nº 15.355, de 29 de janeiro de 2020, que regulamenta o credenciamento de Verificador Independente a ser contratado nas Concessões Comuns e nas Parcerias Público- Privadas realizadas no âmbito do Estado de Mato Grosso do Sul.

A ANTT, por sua vez, no âmbito do Regulamento das Concessões Rodoviárias (RCR), editou a Resolução nº 6.000, de 1/12/2022. Essa norma trata da verificação independente nos artigos 202 e seguintes. De acordo com referido artigo:

> Art. 202. A concessionária deverá contratar empresa especializada para atuar como verificador acreditado como organismo de avaliação da conformidade, na forma de ato do INMETRO,[70] ou posterior regulamento aplicável, para aferir o cumprimento das obrigações contratuais.
>
> §1º O apoio técnico realizado pelo verificador não elide a competência fiscalizatória e a atividade regulatória a ser exercida pela ANTT, diretamente ou mediante descentralização de sua atividade.

---

[70] A exigência de enquadramento das atividades de verificação em normas do INMETRO promove, de um lado, força para os verificadores e, de outro, uma simplificação da complexidade de suas atividades. As atividades que são reguladas pelas normas do INMETRO dizem respeito à "Inspeção" – esse é o termo tipificado na normativa correspondente. As atividades de inspeção ou de certificação não se confundem com as atividades de verificação, de acordo com o que tem sido praticado no Brasil. Da forma como os contratos têm tratado a questão, os verificadores assumem papel diferente daqueles desempenhados por inspetores, auditorias e certificadores. Não por outra razão, há contratos que diferenciam os atores responsáveis por promover as atividades de auditoria, certificação e verificação. É isso o que ocorre, por exemplo, nos contratos de concessão das Linhas 8 e 9 da CPTM em São Paulo e na concessão da CEDAE, no Rio de Janeiro. Nesses casos, os contratos de concessão estabelecem a necessidade de contratação de três agentes distintos: o auditor independente, o certificador e o verificador independente, cada um deles com atribuições distintas e incumbido de responsabilidades próprias. Ademais disso, a Portaria MT 995, de 17 de outubro de 2023, não exige atendimento às normas do INMETRO. Pelo contrário, a norma estabelece, em seu art. 17, parágrafo único, que o VI será contratado pela INFRA S. A., sem mencionar nenhuma exigência sobre o enquadramento junto àquele órgão. Ao que tudo indica, a Portaria do Ministério de Transportes poderá se sobrepor ao regramento da ANTT. O que seria recomendável, sim, seria a exigência de que as Concessionárias pudessem apresentar determinados documentos e projetos devidamente certificados por terceiros credenciados junto ao INMETRO (por exemplo). Isso é prática corriqueira em outras jurisdições globais, como nas contratações públicas nos Estados Unidos, por exemplo. Isso não significa, entretanto, que o verificador deva ser um organismo acreditado, já que sua atuação é muito dinâmica e dedicada, inclusive, à coleta de dados primários em ambiente de múltiplas etapas. Em cada fase – se investimentos, se gerenciamento, se monitoramento –, as atividades podem ganhar roupagens distintas e não classificadas nas normas do INMETRO.

§2º Os relatórios e produtos do verificador devem ser submetidos à validação da ANTT, que não estará vinculada às conclusões neles constantes.

Assim como no caso de Mato Grosso do Sul, a ANTT estabelece parâmetros mínimos que devem ser seguidos pelos verificadores independentes. Ao que tudo indica, pela leitura da disposição regulatória destacada, a Concessionária poderá contratar empresa verificadora de sua preferência,[71] desde que cumpra com o requisito estabelecido no *caput* do artigo 202 e não incida nas disposições presentes no artigo 205.

As concessionárias, então, são – na maior parte dos casos – responsáveis por remunerar o verificador independente. E alguns regramentos, seja em âmbito regulamentar, seja em âmbito contratual, têm trazido certo limite à atuação dos verificadores para mitigar os riscos de conflitos de interesses e de captura desse ator pela concessionária.

Quanto a esse tema, embora essa seja uma prática que ganha cada vez mais espaço na regulação e nos contratos, foi encontrado na pesquisa um texto que manifesta opiniões contrárias à permissão de contratação dos verificadores independentes por parte das concessionárias:

> Portanto, a questão central que se apresenta é a existência de contrato privado com a concessionária, em que o verificador é terceiro em face da agência e do poder concedente e exerce atividade de controle relacionada diretamente à sua remuneração. Note-se que o artigo 6º, §1º, da Lei 11.079/2004, que prevê expressamente a remuneração variável vinculada ao desempenho, não autoriza a interpretação de que tal aferição é atividade acessória ou secundária.
>
> Na verdade, o dispositivo expressa uma das formas de controle e monitoramento do serviço adequado, que constitui função de Estado e que não pode ser capitaneada pela concessionária interessada no parecer que lhe assegure direitos contratuais, como o cumprimento integral das metas e padrões de desempenho contratuais, que condicionam a sua remuneração.[72]

---

[71] No caso da contratação de verificadores em Mato Grosso do Sul, a concessionária poderá selecionar a empresa de sua preferência, desde que esteja credenciada junto à AGEMS.

[72] Cf. CARVALHO, L. L.; OLIVEIRA, C.R. Agências Reguladoras e o verificador "independente". *Consultor Jurídico*, 19 de maio de 2024. Disponível em: https://www.conjur.com.br/2024-mai-19/agencias-reguladoras-e-o-verificador-independente/#:~:text=Ganha%20relevo%2C%20na%20perspectiva%20de%20refor%C3%A7o%20da%20regula%C3%A7%C3%A3o,autonomia%20e%20independ%C3%AAncia%20decis%C3%B3ria%2C%20espelhados%20na%20Lei%2013.848%2F2019. Acesso em: 10 out. 2024.

No campo das PPPs da saúde, há quem defenda, também, que deva ser o Poder Concedente o contratante dos verificadores independentes:

> Da análise dos contratos de parceria público-privada estudados, que foram celebrados na área de saúde, no Brasil, foi possível chegar às seguintes conclusões sobre a atuação do VI. Primeiramente, observou-se que a maioria dos contratos prevê a contratação de um VI, pelo Poder Concedente, principalmente para auxiliá-lo no processo de verificação dos indicadores de desempenho que subsidiam o pagamento das contraprestações pecuniárias. Observa-se que, nos contratos da Bahia, o VI é selecionado pelo Poder Concedente, contudo será a Concessionária a responsável por arcar integralmente com os custos da contratação. **Neste ponto, tendo em vista a possibilidade de cooptação do VI pela concessionária, defende-se como melhor modelo aquele em que há contratação direta pela Administração.**[73] (Grifos meus)

No entanto, não parece haver característica específica desse setor ou peculiaridade em comparação com outros setores que pudesse justificar que, nesses casos, o mais recomendável seria ter a contratação feita pelo Poder Concedente.

Os próprios autores do texto destacado, Luciana Luso de Carvalho e Carlos Roberto de Oliveira, não explicam os motivos pelos quais defendem a contratação pela Administração; embora seu trabalho seja por demais interessante e as análises extremamente competentes, para o tema do VI, apenas destacam que haveria risco de cooptação desse terceiro pela concessionária, caso esta fosse incumbida de sua contratação. Ora, o mesmo argumento poderia ser utilizado para defender que a contratação do verificador pelo Poder Concedente poderia, igualmente, comprometer a independência daquele ator.

Vale mencionar que o Tribunal de Contas da União superou um entendimento pretérito que recomendava que a contratação de verificadores independentes não se desse pela concessionária.[74] O entendimento

---

[73] ALMEIDA, Célia. Parcerias público-privadas (PPP) no setor saúde: processos globais e dinâmicas nacionais. *Cadernos de Saúde Pública*, 2017. Disponível em: https://www.scielo.br/j/csp/a/drk3GQCxZMTsnwQWxRjJdNQ/?format=pdf&lang=pt . Acesso em: 4 out. 2024.

[74] O entendimento superado do TCU expressava um posicionamento avesso à contratação de VIs pelas concessionárias. Em tese, segundo o entendimento já superado, isso comprometeria a independência funcional deste terceiro agente (por conflito de interesses), além de importar, no entendimento pretérito da Corte, em uma violação das competências do órgão gestor e regulador competente (ANTT). No Acórdão nº 4.037/2020[78], que trata do processo de desestatização da BR-163/MT/PA E BR-230/PA, o TCU entendeu que o apoio

mais recente do TCU é que a contratação pode ser feita pelo privado mediante a observação de algumas recomendações para manter a independência desse agente.[75]

Mesmo tendo sido suavizados, os julgados do TCU que recomendaram a não contratação de verificadores pelas concessionárias repercutiram em esferas estaduais, inclusive recentemente. Os Tribunais de Contas Estaduais de Mato Grosso e do Rio de Janeiro se valeram de "precedentes" (embora desatualizados) das decisões presentes no Acórdão 4036/2020-Plenário.[76]

Em síntese, o conselheiro relator da representação externa entendeu que o VI, por ser remunerado pela concessionária e por não ter passado por prévio procedimento licitatório, não teria a imparcialidade necessária à aferição de desempenho da concessionária ou à fiscalização da execução contratual (funções que deveriam ser desempenhadas pelo Poder Concedente). Nesse sentido, manter a atuação do VI no contrato de concessão representaria um "conflito de interesses", em prejuízo do interesse coletivo.[77]

---

técnico realizado pelo "Relator Independente" não pode elidir a competência fiscalizatória a ser exercida pela ANTT, diretamente ou mediante descentralização de sua atividade. Além disso, o Acórdão reforçou o possível conflito de interesses na contratação de um terceiro remunerado pela própria concessionária para auxiliar na fiscalização e aferição de desempenho das concessões. Além deste julgado, em março de 2021 foi apreciado pela Corte de Contas o Acórdão nº 498/2021, que tinha como objeto as concessões da Floresta Nacional de Canela-RS e Floresta Nacional de São Francisco de Paula-RS. Em síntese, o TCU manteve seu posicionamento anterior, determinando que fossem excluídas as previsões de "Verificador Independente" da minuta do contrato, seguindo o mesmo entendimento dos Acórdãos nº 4.036/2020 e 4.037/2020.

[75] Nesse sentido, citam-se os seguintes acórdãos do TCU:1.766/2021; 1.769/2021; 2.804/2021; 2.147/2022 e 2.534/2022.

[76] O caso de Mato Grosso gerou, também, repercussões judiciais. A ação perante o TJMT buscava suspender uma medida cautelar proferida por conselheiro do Tribunal de Contas do Estado de Mato Grosso (TCE-MT), na Representação Externa nº 59.494-6/2021, para "determinar a suspensão da execução do contrato pactuado entre a concessionária *Rota dos Grãos* e o Consórcio *Evvia Engefoto e Viana MT 130*, em que este último exerceria a função de Verificador Independente no Contrato de Concessão nº 008/2021/00/00-SINFRA".

[77] No decorrer dos autos, porém, o estado de Mato Grosso defendeu que o VI era um auxiliar do Poder Concedente, não substituindo suas atribuições. O mérito real da questão, contudo, não chegou a ser discutido pelos julgadores. No acórdão do agravo de instrumento interposto, decidiram os desembargadores que apenas o colegiado do TCE-MT poderia adotar uma medida cautelar para suspender um contrato, sendo um conselheiro isolado incompetente para tomar tal medida. Assim, foi determinada a suspensão da cautelar proferida na Representação Externa nº 59.494-6/2021 "até julgamento/homologação do referido procedimento pelo Tribunal Pleno do TCE/MT". Ou seja, o Tribunal não chegou a enfrentar a questão de saber se o VI poderia ou não ser remunerado e contratado pela concessionária, resolvendo a demanda pelo acolhimento das questões preliminares levantadas pelo governo estadual.

O julgamento do caso no TCE/MT, contudo, foi concluído no ano de 2023.⁷⁸

O voto do conselheiro relator Sérgio Ricardo de Almeida, que redigiu a decisão tomada pelo tribunal, acolheu o entendimento de que a forma de seleção do verificador independente, sem prévia licitação, era irregular. O argumento central utilizado foi o de que a Constituição Federal exigia a licitação para outorgar serviços públicos, além de essa medida se adequar a princípios aplicados à administração pública, como o da impessoalidade. É importante notar que, apesar de destacar a opção da licitação, o voto não excluiu processos alternativos, como o do chamamento público.⁷⁹

---

[78] Em suma, os conselheiros do tribunal acolheram o Parecer nº 1.682/2023 proferido pelo Ministério Público de Contas, que opinou pela procedência da Representação Externa nº 59.494-6/2021, cuja ementa assim dispunha: "REPRESENTAÇÃO DE NATUREZA EXTERNA. SECRETARIA DE ESTADO DE INFRAESTRUTURA E LOGÍSTICA. CONTRATAÇÃO DIRETA PELA CONCESSIONÁRIA DE RODOVIAS ROTAS DO GRÃO S/A DE VERIFICADOR INDEPENDENTE. AUSÊNCIA DE PRÉVIA LICITAÇÃO PELO PODER CONCEDENTE. IMPOSSIBILIDADE. AFRONTA A IMPARCIALIDADE, TRANSPARÊNCIA, LEGITIMIDADE, SEGURANÇA JURÍDICA E O DEVER DE FISCALIZAÇÃO PELO ENTE CONCEDENTE DO NÍVEL DE SERVIÇO PRESTADO. DISCORDÂNCIA COM ENTENDIMENTO TÉCNICO. MANIFESTAÇÃO PELA PROCEDÊNCIA, EFEITO EX NUNC E RECOMENDAÇÃO". É o que cumpria relatar (Grifos meus).

[79] A decisão proferida pelo TCE/MT também contou com uma modulação de efeitos *ex nunc*, de forma que o contrato de verificação independente fosse preservado, tendo em vista os ideais da segurança jurídica da aplicação dos arts. 20 e 24 da Lei de Introdução às Normas do Direito brasileiro (LINDB). Assim, as futuras contratações de VIs deveriam estar sujeitas à licitação pública ou a "outro procedimento que assegure imparcialidade, transparência, legitimidade, segurança jurídica e o dever de fiscalização pelo ente concedente no processo de monitoramento do nível de serviço prestado". A síntese da decisão tomada pode ser consultada abaixo: "II - DISPOSITIVO: Diante dos fundamentos explicitados nos autos e, na forma do artigo 97, inciso III, do Regimento Interno do TCE/MT, acolho o Parecer n. 1.682/2023[25], subscrito pelo Procurador de Contas, Dr. Willian de Almeida Brito Júnior, para nos termos dos artigos 191, III, e 192, ambos da Resolução Normativa n. 16/2021 (Regimento Interno do Tribunal de Contas do Estado), CONHECER da presente Representação de Natureza Externa, e, no MÉRITO julgá-la PROCEDENTE, nos seguintes termos: – Manter a irregularidade HB05, entretanto, sem aplicar multa ao gestor, haja vista as razões jurídicas expostas acima; – A presente decisão será modulada com efeito *ex nunc*, preservando-se o objeto do contrato em comento, em consonância com os arts. 20 a 24 da Lei de Introdução às Normas do Direito Brasileiro; e III – Recomendar à atual gestão da Secretaria de Estado de Infraestrutura e Logística – SINFRA/MT, para que em concessões comuns contrate o serviço de Verificador Independente mediante licitação pública ou outro procedimento que assegure imparcialidade, transparência, legitimidade, segurança jurídica e o dever de fiscalização pelo ente concedente no processo de monitoramento do nível de serviço prestado, em observância aos art. 67 c/c o art. 124, da Lei nº 8.666/1993 e art. 25, §2º e art. 30, parágrafo único, da Lei nº 8.987/1995. Publique-se". É interessante perceber que o dispositivo da decisão também abre espaço para a contratação de verificador independente através de procedimentos alternativos à licitação tradicional, desde que se "assegure a imparcialidade, transparência, legitimidade, segurança jurídica

De forma adicional, em linha semelhante ao caso de Mato Grosso, também pode ser citado o caso do Processo nº 218242-8/24 (TCE/RJ).[80] A ação questionava disposições do edital de Concorrência Pública nº 90.001/2024.[81] O questionamento sobre o edital foi realizado perante o TCE/RJ pela Coordenadoria de Auditoria em Desestatização – CAD Desestatização, que propôs uma representação com pedido de tutela de urgência, visando à suspensão do certame licitatório da concessão.

Entre as alegações feitas, estava a de que a contratação e a remuneração do verificador independente (VI) como uma responsabilidade da concessionária (conforme previsto no contrato de concessão) constituiria um grande potencial de conflito de interesses, devendo a questão ser reformulada no projeto de PPP.[82]

---

e o dever de fiscalização pelo poder concedente no processo administrativo". Além disso, o dispositivo da decisão tomada pelo TCE/MT não cita, de forma expressa, considerações acerca da forma de remuneração do VI. Isso permite inferir que a Corte estadual de contas, apesar de impor limitações aos procedimentos de seleção e contratação de VIs, manteve certo grau de discricionariedade para a proposição de novos modelos e seleção. O que o TCE/MT acabou por vedar, com afinco, foi a contratação de um VI diretamente pela concessionária, sem participação direta do Poder Concedente.

[80] RIO DE JANEIRO. Tribunal de Contas do Estado. Processo nº 218.242-8/24 (TCE/RJ[1]). Petição de Representação do CAD Desestatização. Relator: Conselheiro Marcelo Verdini Maia. Rio de Janeiro RJ, Sessão 13/6/2024. Disponível em: https://www.tcerj.tc.br/consulta-processo/Pesquisa/IndexServico?Tipo=representacao&NumeroProcesso=218242&AnoProcesso=&Orgao=&Interessado=&Assunto=&idEsfera=0. Acesso em: 28 jun. 2024.

[81] O caso versava sobre a exploração e a prestação dos serviços de "limpeza urbana e manejo de resíduos sólidos, coleta, varrição manual e varrição mecanizada, asseio e conservação urbana, transporte, tratamento e destinação final ambientalmente adequada dos resíduos sólidos mediante contrato de concessão administrativa, e atividades correlatas, no município de Nova Friburgo/RJ".

[82] Nesse sentido, o pedido de representação destacava que a contratação e a remuneração do verificador independente realizadas pelo Poder Concedente ou pela agência reguladora consistiria um menor risco de conflito de interesses, entendimento que, inclusive, teria sido firmado no Acórdão nº 4.036/2020-Plenário, do Tribunal de Contas da União (TCU). Além disso, a representação feita ao TCE/RJ também rememorava que outros precedentes do TCU estabeleciam certas condicionantes à contratação de VIs, que também haviam sido acolhidas pela Corte de contas estadual em outros projetos de concessões, em geral, conforme destacado abaixo: Entretanto, mais recentemente, tanto essa Corte de contas quanto o Tribunal de Contas da União têm entendimento de que, para que se admita a figura do verificador independente em tais condições, é necessário o atendimento a diversas condicionantes, a exemplo daqueles prolatados pelo TCU no bojo dos Acórdãos de nº 1.766/2021, nº 1.769/2021 e nº 2.804/2021, todos do Plenário. Nessa esteira, como não se vislumbram, na documentação do certame, as condicionantes mencionadas na jurisprudência supracitada, para que o Edital de Concorrência Pública nº 90.001/2024 se alinhe aos entendimentos dos Tribunais de Contas, será necessário que o jurisdicionado o retifique, outorgando ao Poder Concedente a responsabilidade pela contratação e pela remuneração do verificador independente; alternativamente, caso mantenha tais competências nos moldes atuais, será necessária a vinculação, no projeto, de verificador independente remunerado e selecionado pela concessionária à inclusão

Como visto, a representação feita pelo CAD Desestatização se aproxima do precedente do TCE/MT, que privilegia uma contratação do VI pelo Poder Concedente, pelo ente regulador ou através dos métodos alternativos que contem com condicionantes preestabelecidas (vedada a seleção sem participação do Concedente).[83]

Seja por um alinhamento aos posicionamentos destacados anteriormente, seja por outras razões, há casos em que não somente a seleção como também a contratação do verificador independente ficam a cargo do Poder Concedente. Quando isso acontece, os estados e municípios contratam os verificadores pelos regimes típicos das contratações públicas.

O gráfico a seguir mostra as modalidades de contratação pública mais utilizadas para a contratação do verificador independente.

---

de uma série de subcláusulas na minuta do contrato, tais quais as expostas a seguir: • Estipulação de um prazo máximo de atuação da empresa contratada para atuar como verificador independente, não permitindo a recontratação para o período subsequente; • Submissão do eventual interesse da concessionária em rescindir o contrato celebrado com o verificador independente à prévia manifestação do Poder Concedente, devidamente fundamentado e mediante apresentação de nova lista tríplice; • Previsão de rescisão do contrato celebrado com o verificador independente em razão da emissão de informações não fidedignas, do não atendimento às demandas e de inoperância; • Tipificação de sanções administrativas à concessionária e ao verificador independente em caso de conluio para atuação fraudulenta deste, além das possíveis cominações cíveis e penais no âmbito judicial; • Previsão de não vinculação da opinião emitida pelo verificador independente a qualquer das partes; • Validação por órgão técnico do Poder Concedente de qualquer documento ou análise produzidos pelo verificador independente; • Previsão de responsabilidade solidária entre o Poder Concedente e o verificador independente após a validação dos documentos ou análises por eventuais irregularidades constantes nos documentos; • Previsão de ampla divulgação pelo Poder Concedente dos documentos e análises produzidos pelo verificador independente, mediante publicação em sítio na internet; e • Obrigação da concessionária apresentar, junto à lista tríplice de empresas a serem qualificadas como verificador independente, a minuta do contrato a ser celebrado com o verificador independente, para aprovação. (Grifos meus)

[83] Destaca-se, inclusive, que o precedente do TCU trazido na petição do processo cita a possibilidade de indicação, pela concessionária, de uma lista tríplice para seleção do VI, a partir da escolha do Poder Concedente (revelando que a licitação pública não se constitui no meio exclusivo para a contratação das atividades de verificação independente).

Gráfico 8 – Modalidade de contratação pelo Poder Concedente

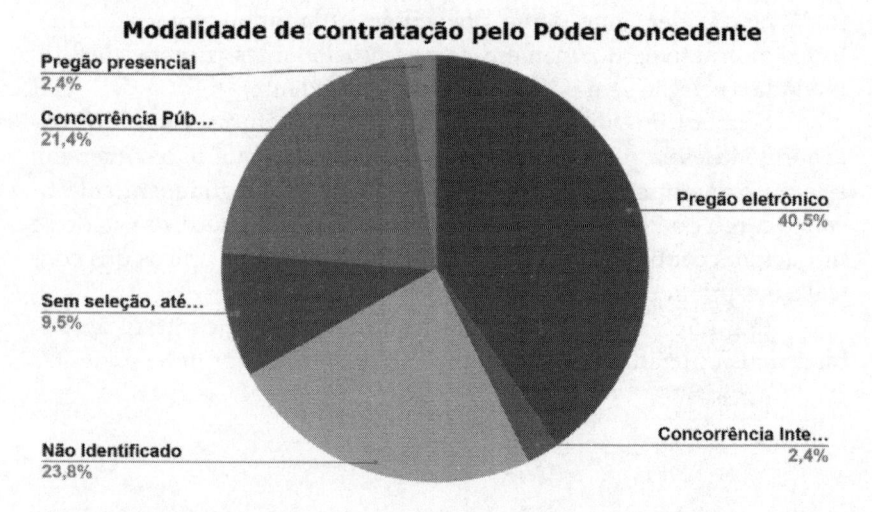

Modalidade de contratação pelo Poder Concedente

- Pregão presencial: 2,4%
- Concorrência Púb...: 21,4%
- Pregão eletrônico: 40,5%
- Sem seleção, até...: 9,5%
- Não Identificado: 23,8%
- Concorrência Inte...: 2,4%

Fonte: Elaborado pela autora.[84]

Quando a contratação é feita pelo Poder Concedente, a modalidade preferencial tem sido o pregão. Embora esse não seja o intuito principal deste trabalho, vale apontar que há uma grande crítica da doutrina acerca da contratação de serviços técnicos especializados por meio dessa modalidade. Os manuais e contratos de PPP têm atribuído a essa figura competências multidisciplinares e conhecimentos técnicos específicos. Assim, os verificadores desempenham o papel de servir de referência técnica para as partes nas mais diversas temáticas – desde a mensuração do desempenho da concessionária até o apoio às atividades de gestão dos contratos de PPPs.

Os verificadores são empresas ou consórcios, com equipes que desempenham atividades múltiplas. Os saberes desses times se compõem para fazer frente às mais diversas funções que são necessárias para o atendimento do contrato. Mesmo o Manual de Parcerias do Estado de São Paulo reafirma essa competência:

---

[84] Gráfico baseado no rol total de projetos em que o Poder Concedente era o responsável pela contratação do verificador independente.

Instituído para mitigar riscos e agregar valor aos contratos, o VI é responsável por auxiliar tecnicamente o Poder Concedente e a Concessionária a atingirem os objetivos da concessão. Nesse sentido, ele poderá otimizar a eficiência do sistema de monitoramento e controle de desempenho, mantendo-o alinhado com os objetivos estratégicos da contratação. O VI poderá ser encarregado da revisão dos próprios indicadores, eventualmente recomendando indicadores mais adequados e seus respectivos níveis de serviços, de forma a assegurar o melhor uso dos recursos do projeto.

[...]

a contratação de um VI será oportuna, em especial, em projetos de PPP em que a aferição do atendimento aos padrões de qualidade dos serviços, a análise de processos, o cálculo da variação da contraprestação pública e as demais atividades que podem ser atribuídas ao VI apresentem grande complexidade, dependam da aplicação de metodologias específicas e demandem conhecimentos específicos por parte dos responsáveis por sua avaliação. Nestas circunstâncias, a transferência destas atividades a um Verificador Independente é recomendável pelas seguintes vantagens: • Capacidade de reunir, com maior facilidade, um corpo de profissionais qualificado nos diversos setores necessários para a adequada avaliação dos serviços desempenhados; • Maior garantia de imparcialidade em relação às partes do contrato; • Consequente desempenho das suas atividades com maior neutralidade; • Aumento da transparência da execução dos serviços na PPP, pois as informações detidas pelo Verificador Independente, em regra, devem ser colocadas à disposição da Administração Pública e dos usuários interessados.[85]

No mesmo sentido: "Finalmente, constatou-se também que a contratação dos verificadores independentes é importante em virtude da alta complexidade dos indicadores de desempenho dos contratos de PPP analisados".[86]

Sendo assim, as habilidades para o desempenho das atividades de verificação não parecem ser passíveis de classificação como "serviços comuns", o que justificaria a contratação por pregão. Parecem, sim, ser classificadas como apoio técnico especializado. Isso porque a atuação – seja para a mensuração dos indicadores, seja para a realização de outras

---

[85] SÃO PAULO (Estado). Secretaria de Governo. *Manual de Parcerias do Estado de São Paulo*, 2016. Disponível em: https://www.parcerias.sp.gov.br/parcerias/docs/manual_de_parcerias_do_estado_de_sao_paulo.pdf. Acesso em: 4 out. 2024.

[86] ALMEIDA, Célia. Parcerias público-privadas (PPP) no setor de saúde: processos globais e dinâmicas nacionais. *Cadernos de Saúde Pública*, 2017. Disponível em: https://www.scielo.br/j/csp/a/drk3GQCxZMTsnwQWxRjJdNQ/?format=pdf&lang=pt. Acesso em: 4 out. 2024.

atividades correlatas – impõe ao verificador a necessidade de conhecer profundamente as temáticas complexas envolvidas em uma PPP.[87]

A modalidade de pregão pode, inclusive, distorcer o próprio instituto da verificação. Essa seleção pode gerar um incentivo perverso a que a competição derrube, em demasia, o preço ofertado pelo vencedor. Esse preço pode distorcer o real valor das atividades de verificação e esvaziar os esforços que devem ser empenhados para que a prestação dos serviços seja condizente com a complexidade da matéria.

A preocupação é de que uma baixa qualidade nas atividades de verificação leve, ao fim e ao cabo, a uma impressão – errônea – de que os verificadores não agregam nas relações de concessões. Reduzir o serviço de verificação para que "caiba" em valores extremamente baixos (obtidos, geralmente, nos processos de pregão) acaba por comprometer os recursos disponíveis. Estes serão insuficientes para assegurar o rigor técnico que a função demanda.

No futuro, o que poderá acontecer é um comprometimento do instituto em função de uma seleção adversa. A longo prazo a contratação se revela pouco vantajosa para as partes, já que o resultado foi embasado em um processo falho, que não traduz os critérios adequados de escolha do contratado. Essa falha de mercado é perversa; por se tratar de um "mercado" ainda em desenvolvimento, é ainda mais importante que ele seja consolidado pelas melhores práticas.

O prejuízo potencial trazido por um único verificador que não preste esse serviço de forma adequada gera um efeito em cadeia de descredenciamento da figura da verificação e macula o instituto, que pode ser tão positivo para a relação de concessão.

Ainda sobre a contratação feita pelo Poder Concedente, mas não mais no âmbito dos pregões: outro dado que chama a atenção é que, em parte dos casos em que a contratação é feita pelo Poder Concedente, os municípios e estados têm contratado fundações de ensino e pesquisa para realizar os serviços de verificação. Na análise dos principais *players* do setor de verificação, a Fipe, por exemplo, desponta como um ator que já detém parte importante do mercado. Para essa hipótese, o Poder

---

[87] A Lei nº 14.133/2021, a nova Lei de Licitações, traz em seu bojo modalidades de licitação e de contratação que poderiam ser mais adequadas à contratação de verificadores independentes. O próprio "credenciamento" poderia funcionar para os verificadores independentes. Algumas entidades internacionais e multilaterais e mesmo o BNDES se valem desse instituto para a contratação de consultorias especializadas, cujas atividades e funções se assemelham às competências dos verificadores independentes (muito mais do que serviços comuns).

Concedente pode-se valer das contratações por dispensa de licitação (previsões expressas nesse sentido tanto na Lei nº 8.666/1993 quanto na nova Lei de Licitações, a nº 14.133/2021). As contratações por dispensa podem ser mais ágeis do que aquelas que dependem de licitação.[88] O que se observa na prática é que os verificadores independentes não são contratados com grande antecedência – muitas vezes os VIs são contratados quando o projeto de PPP já está em andamento. Talvez a necessidade de atender às condições contratuais, somada a uma dificuldade de planejamento de uma licitação, possa levar à contratação do VI por meio de dispensa.

Além disso, a falta de um arcabouço específico sobre a atuação de um verificador independente pode, eventualmente, ser um elemento que desperte alguma insegurança nos gestores públicos. A contratação de uma entidade que detenha reputação, que já goze de credibilidade e que, além de tudo, tem a prerrogativa de ser contratada diretamente pela Administração Pública (permitida e tipificada pela legislação apropriada) pode contribuir para trazer maior segurança para o administrador público que tome a decisão de contratação desse ator.

Se, por um lado, a falta de um arcabouço legal pode despertar insegurança para o gestor que toma a decisão de contratar, a inexistência de um comando geral tipificado dá espaço para acomodações mais criativas que podem se revelar mais adequadas à prática e às particularidades de cada contexto. É aí que surgem, por exemplo, os arranjos (i) das listas tríplices, (ii) dos credenciamentos com posterior escolha pela concessionária, (iii) do credenciamento de possíveis verificadores junto a agências ou a demais entidades reguladoras, e (iv) de outros modelos que contam com uma seleção desse ator, de forma conjunta, pelo estado e pela concessionária.

De acordo com os dados levantados, cerca de 22,5%[89] dos VIs contratados foram selecionados por meio desses "modelos compostos".

---

[88] Nesse sentido, veja-se a seguinte consideração: "A dispensa de licitação pode proporcionar maior agilidade nos processos de contratação, especialmente em situações de emergência, calamidade pública ou quando a competição é inviável. Outra vantagem é a redução da burocracia e dos trâmites processuais, o que pode simplificar a contratação, economizando tempo e recursos administrativo". In: LEITÃO, Gisella. Dispensa de licitação: o guia completo. Conlicitação, 19 fev. 2024, atualizado em 5 nov. 2024. Disponível em: https://conlicitacao.com.br/dispensa-de-licitacao/. Acesso em: 25 nov. 2024.

[89] Nesse sentido, remeta-se aos dados expostos no Gráfico 6 deste trabalho, que atesta a forma de seleção dos VIs. A porcentagem trazida considera o rol de projetos em que houve a previsão de VIs. Ressalte-se que, em 15,9% dos casos, não foi possível averiguar a forma de seleção dos VIs.

Essa seleção conjunta pode ser uma medida interessante para mitigar um eventual risco de captura[90] do verificador independente por uma das partes.[91] É que, já de partida, as partes deverão acordar sobre esse terceiro.

Quando a seleção é feita pelas duas partes, o primeiro ato já depende de uma espécie de consenso e de um equilíbrio de influências, que contribui para mitigar o risco da captura. Esse tema é fonte de interesse, inclusive, de controladores externos, como o Tribunal de Contas da União (TCU). Há uma preocupação com o estabelecimento de medidas que evitem o efeito de ter um verificador que se submeta e/ou priorize os interesses daquele ator contratual do qual depende, inclusive economicamente, para a continuar a prestar seus serviços.

Ainda que haja posições diferentes sobre a possibilidade de contratação do verificador independente pela concessionária, a tendência mais recente, conforme já se mencionou, é que tal conformação seja permitida – seja pelos normativos regulamentares, seja pelos contratuais.[92]

Vale mencionar que os casos de iluminação pública dos municípios de Icatu e de Governador Eugênio de Barros, no Maranhão, e os das Unidades Básicas de Saúde de Manaus previram uma seleção a ser realizada, "de forma conjunta", entre concessionária e Poder Concedente. Não definiram, entretanto, um procedimento minucioso para regrar essa escolha, deixando a cargo da concessionária a indicação de

---

[90] A teoria da captura já é um fenômeno bem estudado, do ponto de vista regulatório, sobretudo na relação entre agências reguladoras e grupos empresariais. Nesse sentido, Marçal Justen Filho destaca: "A doutrina cunhou a expressão 'captura' para indicar a situação em que a agência se transforma em via de proteção e benefício para setores empresariais regulados. A captura se configura quando a agência perde a condição de autoridade comprometida com a realização do interesse coletivo e passa a produzir atos destinados a legitimar a realização dos interesses egoísticos de um, alguns ou todos os segmentos empresariais regulados. A captura da agência se configura, então, como mais uma faceta do fenômeno de distorção de finalidades dos setores burocráticos estatais". *In*: JUSTEN FILHO, Marçal. *O direito das agências reguladoras independentes*. São Paulo: Dialética, 2002. p. 369-370.

[91] Sobre o risco de captura, também se vejam: (i) GERSHKOV, A.; PERRY, M. (2012). Dynamic contracts with moral hazard and adverse selection. *The Review of Economics Studies*, 79, 1, 2012. p. 268-306. Doi:10.1093/restud/rdr026; (ii) STIGLER, G. J. The Theory of Economic Regulation. *The Bell Journal of Economics and Management Science*, (2), 3-21, 1971. Doi: 10.2307/3003160.

[92] Nesse sentido, a entrevista do INFRACAST, realizada com diretores de empresa de verificação independente, também indica esse caminho como o mais apropriado. Cf. INFRACAST. O papel do verificador independente nos projetos de concessão. YouTube, 30 set. 2024. Disponível em https://www.youtube.com/watch?v=yujgcQ5IkGQ>). Acesso em: 2 out. 2024.

empresas aptas a desempenhar as funções e ao Poder Concedente a chancela. O verificador, nesse contexto, será selecionado por consenso entre as partes:

21.2. A contratação do VERIFICADOR INDEPENDENTE caberá à CONCESSIONÁRIA, que **deverá realizar processo de contratação acompanhado pelo MUNICÍPIO**. Os custos relacionados caberão à CONCESSIONÁRIA, que incluirá o valor pago ao VERIFICADOR INDEPENDENTE em sua medição mensal, acrescido da taxa de administração de 20,0% (vinte por cento), destinados a suprir seus custos administrativos e tributários.

21.2.1. O VERIFICADOR INDEPENDENTE deverá ser contratado dentre pessoas jurídicas de elevado conceito no campo de sua especialidade, com destacada reputação ética junto ao mercado, alto grau de especialização técnica e adequada organização, aparelhamento e corpo técnico.

21.2.2. O MUNICÍPIO deverá analisar as opções de empresas apontadas pela SPE com capacidade para realizar os serviços de VERIFICADOR INDEPENDENTE, levando em consideração a atestação relativa à execução de serviços similares, em quantidades e prazos previamente executados e o corpo técnico que comprove experiência anterior na atividade, bem como o valor ofertado para remuneração, em base mensal. **A escolha será realizada pelo MUNICÍPIO e pela SPE, em conjunto e consenso, em reunião na qual se lavre ata circunstanciada. Após essa decisão, a SPE deverá realizar a contratação**.[93] (Grifos meus)

Conforme se abstrai do excerto trazido acima, a seleção do VI deveria dar-se "em conjunto e consenso com a concessionária", sem mais detalhes dos critérios e procedimentos efetivos de seleção e contratação a serem adotados. É fato que a falta de clareza sobre a forma de seleção, sobre as atividades e sobre as atribuições do VI, bem como sobre a forma de remuneração (e o preço dos serviços) desse ator, pode ensejar falta de incentivo para a sua derradeira contratação.

Se os serviços desempenhados pelo VI não forem precificados durante a modelagem, possivelmente a sua contratação pela concessionária gerará um desequilíbrio contratual. A simples discussão sobre os custos relacionados à verificação pode ser um fator que atrasa ou desincentiva a efetiva contratação desse terceiro.

---

[93] ICATU (MA). *Contrato nº 001.2022.1354.2021/2022*. Disponível em: https://icatu.ma.gov.br/contratos.php?id=75. Acesso em: 28 out. 2024.

3.3. Remuneração do verificador independente

Conforme já apontado anteriormente, 49,5%[94] dos projetos que previram a contratação do VI não tiveram esse apoio efetivamente contratado. Tal dado poderia estar associado ao custo de um agente como esse. Para investigar se os benefícios associados à atuação do verificador justificam os seus custos e, portanto, sua contratação efetiva, buscou-se um parâmetro de sua remuneração nas PPPs que compuseram a amostra. Assim, para entender se existe, de fato, um parâmetro ou critério objetivo de remuneração desses atores, incluiu-se no levantamento a categoria "remuneração do VI" (ver Apêndice A).

Em 41 casos (38,3% da amostra), foi possível encontrar dados sobre a remuneração do VI. Tentando chegar a um juízo de comparabilidade entre os projetos, o levantamento buscou extrair a: (i) média anual dos valores de investimentos de cada projeto (CAPEX); (ii) a média anual do OPEX; (iii) a média dos valores anualizados de receitas da concessão; e (iv) a média anual da remuneração desse ator nos projetos. A intenção foi a de fazer uma ponderação sobre quanto a remuneração do VI representa *versus* o potencial de comprometimento de rentabilidade da PPP.

Foram realizados levantamentos diretamente nos *sites* e portais de cada um dos 41 projetos e cotejados com outras bases públicas de informações. Como havia grande discrepância entre os dados, considerou-se adotar como parâmetro a base de dados disponibilizada pelo portal Radar PPP. Via de regra, esse portal disponibiliza, principalmente, informações sobre o CAPEX das PPPs e sobre o valor total da contratação.

Os valores foram anualizados em função do fato de que alguns verificadores independentes identificados na amostra foram contratados pelo prazo de apenas um ano.[95]

Foi possível cotejar as informações de remuneração do VI com o CAPEX para 20 projetos. Em 75% dos casos, a remuneração do verificador independente representava de 1% a 10% do valor do CAPEX

---

[94] O percentual não considera os projetos que contam com procedimento de contratação em curso, até a data de 1º out. 2024.

[95] Esgotamento sanitário da região metropolitana do Recife; Hospital da Zona Norte do Estado do Amazonas; Instituto Couto Maia, do Estado da Bahia; UAI Fase I e Fase II, do Estado de Minas Gerais; Iluminação Pública do Município de São Paulo; Iluminação Pública de Palhoça (SC); Iluminação Pública de Ibirité (MG); Iluminação Pública de Içará (SC); Iluminação Pública de Caruaru (PE); Resíduos Sólidos de Suzano (SP).

total do projeto.⁹⁶ Outro dado que foi possível levantar se referia ao valor total do contrato de PPP. Em 16 projetos, foi possível realizar uma comparação entre a remuneração do verificador independente e o valor global da contratação da parceria. Em quase 65% dos casos, os custos de contratação dos verificadores independentes representavam até 5% do valor global da PPP.

Ainda que não haja uma relação direta entre o custo da atividade de um verificador e o nível de investimento de um projeto ou o valor global da contratação da PPP, essas medidas ajudam a entender em que medida é viável o custo de contratar o VI. A viabilidade é traduzida como a capacidade da PPP de suportar um custo como esse, sem distorcer os níveis de retorno adequados ao projeto (ou mesmo os valores de tarifas pagas pelos usuários). Em outras palavras, é preciso avaliar se a contratação do verificador independente "derruba" a TIR (taxa interna de retorno) calculada para a PPP.

Os custos com a contratação de verificador independente devem ser um dado do modelo econômico-financeiro que sustenta o projeto, em especial nos casos em que a contratação é feita pela concessionária.⁹⁷ Significa, portanto, que deverá haver um juízo de adequabilidade dessa "saída" do fluxo de caixa ante os demais dados de *input* do modelo.

Não há, por exemplo, especificações mínimas, tabeladas e tipificadas, sobre o que são e como devem ser desempenhadas as atividades de verificação. Não há, assim, preços referenciais encontrados nas bases públicas de preços a respeito dessa atuação. Em cada caso, então,

---

⁹⁶ Em casos mais raros, a remuneração do verificador independente era maior do que 10% do CAPEX do projeto, chegando a 22,54% do CAPEX incialmente previsto na modelagem.

⁹⁷ Quando há previsão no modelo econômico-financeiro ou no próprio contrato da PPP a respeito dos valores que deverão ser despendidos pela concessionária a título de remuneração do VI, há menores chances de haver uma "barganha" ou negociação perversa entre a concessionária e a empresa que prestará os serviços de verificação. Há uma propensão natural e legítima por parte da concessionária de aumentar o *upside* do projeto, por meio, inclusive, de eficiências buscadas para cada linha de custos e despesas que compõem o fluxo de caixa referencial da PPP. E isso pode acometer o contrato com o verificador independente. Para evitar essa situação, a recomendação que, durante a modelagem, sejam compostos os orçamentos referenciais também dos verificadores independentes e que sua contratação siga aquele racional definido em contrato/modelo econômico-financeiro, justamente para evitar um efeito de seleção adversa de empresa que não considere todas as dimensões e complexidades das atividades de um VI. Embora seja importante considerar e reconhecer a possibilidade, pela concessionária, de negociação e otimização dos preços referenciais, há de se ter em consideração que o verificador independente não figura como um mero prestador de serviços da concessionária; ao contrário, deverá ser uma figura que atue em benefício do próprio projeto.

deverá haver uma precificação das atribuições do VI e o dimensionamento específico – desenhado caso a caso – dos custos dessa atividade. Os verificadores são empresas. Eles também buscarão rentabilidade em sua atuação. A proporcionalidade das atividades atribuídas ao VI à sua remuneração também é um dado que deve ser levado em consideração. A proporcionalidade guarda relação direta com as atividades que deverão ser desempenhadas pelo VI e com a responsabilidade assumida por essa empresa. Para isso, a seguir se apresentará a análise das atividades do verificador independente previstas nos contratos.

Nos casos em que o projeto de concessão não suportar os custos associados a uma verificação independente adequada, pode ser uma boa alternativa a contratação desse ator pelo próprio Poder Concedente. Assim, o dispêndio com a contratação do VI não seria computado no modelo econômico-financeiro do projeto. Seria, aí sim, um custo da administração pública para conferir – se se justificar – uma melhora na qualidade do serviço contratado pela PPP.

Um exemplo interessante de regramento que lida com essa questão é a já citada Resolução nº 6.000, de 1º de dezembro de 2022 (posteriormente editada), da ANTT. Essa norma foi alterada em 2023 justamente para prever que:

> Art. 211. O verificador será remunerado, após ateste da prestação do serviço pela Superintendência competente, com recursos decorrentes da verba de verificador.
>
> §2º O pagamento deverá ser realizado em até 10 dias úteis do ateste da prestação de serviço pela Superintendência competente.
>
> §3º A verba de verificação será objeto de recomposição do equilíbrio econômico-financeiro na revisão subsequente à sua aprovação, salvo se já considerada na equação econômico-financeira do contrato de concessão. (Grifos meus)

Assim, na hipótese de, eventualmente, a modelagem econômico-financeira do projeto não ter considerado os custos relacionados aos serviços de verificação, a concessão será reequilibrada para compensar os dispêndios da concessionária com tal contratação. No caso da ANTT, conforme se verá adiante, há uma opção expressa de que o VI deverá atuar como apoio à agência nas mais diversas atividades e que, inclusive, seus relatórios ficarão disponíveis tão somente para a própria ANTT (que ficará incumbida de publicá-los anualmente, salvo algum conteúdo considerado sigiloso).

Em um primeiro momento, nem mesmo a concessionária – que é a responsável por sua contratação – terá acesso imediato e direto a informações, relatórios e documentos produzidos pelo verificador independente. Há uma proteção de que o custo de trazer esse agente para desempenhar essas funções de apoio será pago, em última análise, com recursos adicionais se for necessário.

Um dado interessante é que os projetos que são inseridos na amostra considerada para as conclusões deste capítulo contam, em sua maioria, com verificadores contratados pelo Poder Concedente. Os contratos celebrados e as remunerações praticadas quando a contratação é feita pela concessionária, via de regra, não são publicizados.

Um tema importante que deve ser tratado é a possibilidade de negociação dos valores referenciais das atividades de verificação. Na maior parte dos casos em que o verificador independente é contratado pela iniciativa privada, há um incentivo natural para a negociação dos valores para a contratação do verificador. Muitas vezes essa barganha pode acabar comprometendo a qualidade do verificador contratado (efeito parecido com o que acontece em muitos pregões).

Tendo em vista que o ideal é poder contar com um preço referencial, que integre o modelo econômico-financeiro, uma boa prática poderia ser traduzida em regramentos contratuais (nos contratos de concessão), que impedissem a distorção dos valores provisionados, sob pena de um desequilíbrio em favor do Poder Concedente.

Faz parte da dinâmica natural das concessões uma busca, pela concessionária, de eficiência nos preços referenciais da modelagem. Mas nesse caso, o verificador aproveita as duas partes, de forma que sua seleção deve levar em consideração, em especial, a qualidade da prestação dos serviços. E essa qualidade reflete em valores adequados para remunerar a sua atuação. Distorcer esses valores pode acabar comprometendo o trabalho de um ator que está a serviço do contrato, e não da concessionária.

Uma prática que pode, eventualmente, ser considerada para modelagens futuras dialoga com a necessidade de proteção da qualidade da verificação e, nesse contexto, uma proteção à remuneração da empresa de verificação. Essa proposta se alinharia com a compreensão dos verificadores independentes como verdadeiros instrumentos de garantias para os projetos de PPP e concessões.

O que tem se observado em alguns projetos recentes é uma qualidade inferior da verificação, em razão de uma remuneração insuficiente, em especial quando há intensa negociação desses valores pelas concessionárias com seus contratados. O que se sugere é a criação de (ou inclusão em) um sistema de contas vinculadas a uma conta que segregue a remuneração devida ao verificador, de forma que o valor originalmente previsto para a remuneração desse ator fique protegido.

Muitas vezes – e isso tem acontecido, por exemplo, em projetos municipais de iluminação pública – a concessionária vence o certame licitatório com propostas de preços muito agressivas, a partir de cortes em diversas linhas da modelagem referencial. Os custos com verificação entram nessa linha de corte, e o valor que remanesce para contratação dos verificadores fica aquém daquele que, de fato, reflete o dispêndio adequado para essas atividades. Isso reflete em seleções adversas, de empresas de verificação que acabam por não proteger o contrato, mas sim replicar informações e atuar *pro forma* nessas PPPs.

Para evitar isso, o ideal seria viabilizar a contratação desses verificadores pela própria concessionária, mas com recursos protegidos – seja em valor, seja em mecanismo – por esses sistemas de *"escrow"*, a partir de recursos que seriam segregados e pagos diretamente ao verificador. Esses recursos, naturalmente, deveriam ter seu valor definido e com pouca margem para negociação – já que os verificadores não estão submetidos e a serviço da concessionária exclusivamente, mas sim são contratados para assegurar, de lado a lado, um adequado monitoramento e gestão dos serviços concedidos.

A contratação de VI deveria, também, fazer parte da análise de *value for money*, que deve preceder a publicação de uma PPP.[98] Por meio dessa ferramenta, seria possível avaliar de forma qualitativa e quantitativa os benefícios efetivamente trazidos pela contratação de VI. Entretanto, em nenhum dos casos que compõem a amostra de projetos analisados foi possível constatar se os benefícios auferidos pela contratação de um verificador independente foram contrapostos à hipótese de não contratação desse ator.

Uma recomendação que nos parece apropriada é que, nos casos em que se decidir pela contratação de uma PPP, sejam levadas em

---

[98] A expressão *value for money* (VFM) refere-se à relação entre custo e resultado, em termos de quantidade e qualidade dos projetos. Segundo esse conceito, a melhor forma de contratação não é aquela que foca exclusivamente o preço, mas a que considera a aquisição dos produtos e/ou serviços certos, com a qualidade e a quantidade adequadas, entregues na hora e no local certos e pelo preço correto. Cf. PINHEIRO, A. C.; MONTEIRO, V.; GONDIM, C. E.; CORONADO, R. I. *Estruturação de projetos de PPP e Concessão no Brasil*: diagnóstico do modelo brasileiro e propostas de aperfeiçoamento. São Paulo: International Finance Corporation, 2015. p. 59.

consideração também as eventuais vantagens de se contratar – seja pela iniciativa privada, seja pelo Poder Concedente – um agente terceiro que atue como verificador independente. Assim, deverão ser ponderados qualitativa e quantitativamente os custos e os benefícios de ter, no projeto de PPP, uma figura como essa a serviço de um melhor projeto.

3.4. Crescimento da contratação de verificadores independentes

Uma das intenções de analisar projetos celebrados durante uma década inteira é averiguar se, nesse espectro temporal, a contratação de verificadores independentes se deu com maior intensidade nos anos mais recentes. Para isso, examinou-se o percentual de contratos que, nos últimos três anos (2021-2023), foram celebrados com a previsão de verificadores independentes. Após isso, verificou-se se esse percentual era maior nesses últimos anos do que o percentual de anos anteriores.

A pesquisa mostrou que sim. Nos últimos três anos analisados, 55,7%[99] dos contratos celebrados previram a atuação de verificadores independentes. Não somente o percentual de contratos aumentou, mas também foram ampliadas as atividades do verificador, conforme se verá a seguir.

Adicionalmente, para mensurar se a utilização dos verificadores tem crescido no decorrer desta última década, buscou-se saber se algum ente federativo mudou a orientação quanto à contratação de verificadores independentes. Foram analisados os casos em que um mesmo município ou estado no passado optou por não contratar verificadores independentes e, mais recentemente, decidiu promover a contratação desse ator – seja por meio de aditivos a contratos já celebrados, que não previam originalmente verificadores independentes, seja na comparação entre dois projetos diferentes celebrados, em tempos distintos, por um mesmo ente. O contrário também foi analisado, ou seja, intentou-se saber se um ente que, no passado, previu a contratação

---

[99] O levantamento considerou a totalidade de projetos de PPP levantados. Desse rol, foram selecionados os 97 projetos celebrados entre 2021 e 2023. Em 20,6% dos casos, não foi possível identificar a contratação de VI. Em 23,7% dos casos não houve previsão para a contratação de VI. Ressalte-se que esses percentuais de contratação são maiores do que aqueles previstos no Gráfico 2, que considerou o intervalo temporal de 2012-2023. No gráfico mencionado, 49,4% dos projetos de PPP haviam previsto a necessidade de contratar um VI.

de verificadores optou, mais recentemente, por realizar a contratação da PPP sem o agente.

No período analisado, doze municípios[100] e dez estados[101] assinaram mais de um contrato de PPP. Os únicos municípios que mudaram o comportamento em relação à contratação de verificadores foram Petrolina (PE), Campos do Jordão (SP), Mauá (SP), São Paulo (SP) e Manaus (AM). Os primeiros três municípios passaram a prever verificadores independentes nos seus contratos mais recentes (anteriormente não previam). O caso de Manaus, entretanto, mostra a situação contrária. O município, que previu a contratação de VI para a PPP de saúde em 2012,[102] não a previu no projeto de iluminação pública em 2020.[103]

O caso do município de São Paulo também é interessante. Dos cinco projetos de PPP celebrados, três previam a contratação de VIs e, dentre os outros dois, um não previu. Nesse caso, a não previsão de VI pode estar associada à criação de uma agência reguladora (SP Regula)[104] que atualmente é incumbida de realizar o monitoramento das PPPs do município.

No contexto dos estados, três casos chamam mais a atenção: Bahia, São Paulo e Minas Gerais. Em cada um deles, a opção por contratar ou não o VI parece ter tido motivações particulares.

O estado da Bahia celebrou seis PPPs. Em 2018, o contrato da PPP do sistema viário BA-052 não previu a contratação de verificadores independentes. Todos os demais projetos (inclusive os celebrados em momentos anteriores), no entanto, previam a contratação do serviço. O contrato de PPP do sistema rodoviário da Ponte Salvador-Itaparica, de 2020, trouxe a figura do VI. Em contratos do mesmo setor, observou-se uma mudança de postura do estado, que, em um curto espaço de tempo, passou a adotar o apoio do verificador na PPP mais recente.

---

[100] Belo Horizonte, Angra dos Reis, Água Boa, Alfenas, Petrolina, Manaus, Campos do Jordão, São Paulo, Guarulhos, Rio de Janeiro, Mauá e Patos de Minas.

[101] Pernambuco, Alagoas, Espírito Santo, Bahia, São Paulo, Ceará, Minas Gerais, Amazonas, Mato Grosso do Sul e Piauí.

[102] MANAUS. *Contrato de Concessão administrativa nº 01/2012*. Disponível em: https://ppp.manaus.am.gov.br/ppp-da-saude/. Acesso em: 27 out. 2024.

[103] MANAUS. *Contrato de Concessão administrativa nº 01/2020*. Disponível em: https://radarppp.com/resumo-de-contratos-de-ppps/sistema-de-iluminacao-publica-manaus/. Acesso em: 27 out. 2024.

[104] SÃO PAULO (Estado). *Legislação Municipal – Catálogo de Legislação Municipal*. Disponível em: https://legislacao.prefeitura.sp.gov.br/leis/lei-17433-de-29-de-julho-de-2020. Acesso em: 26 out. 2024.

O estado de Minas Gerais, por sua vez, demonstrou um movimento contrário. Em seis contratos de PPP celebrados, somente o mais recente, o projeto do sistema rodoviário Pouso Alegre-Itajubá,[105] não incluiu a atuação de verificadores independentes.

No estado de São Paulo, foram estruturadas onze PPPs, que foram assinadas. Dessas, quatro previram a contratação de verificadores independentes: Complexos Hospitalares,[106] Casa Paulista,[107] CIVAP[108] e Linhas 8 e 9 da CPTM.[109] Os projetos mais antigos (FURP e manutenção da Linha 8 da CPTM) não continham regramentos sobre os verificadores. Os projetos de metrô e de VLT também não contaram com verificadores independentes (Linhas 5, 15, 17, 6 e 18). Assim também para os projetos regulados e fiscalizados pela ARTESP (Rodoanel Mario Covas e Rodovia dos Tamoios). Por fim, também não previram verificadores os projetos celebrados pela SABESP.

No caso de São Paulo, o que chama a atenção é o tratamento diverso desse tema, com indicação de que o verificador independente seria mais necessário nos casos em que não há agência reguladora ou outra entidade da Administração Pública indireta com quem a concessionária fará a interface.

Se isolarmos por setores, entretanto, uma relação de maior adesão à contratação de verificadores pode ser indicada. Os contratos mais recentes contam com verificadores, enquanto os anteriores não continham essa previsão.

No setor de saúde, o contrato da FURP (2013) não previu atuação de VI; já o contrato dos Complexos Hospitalares (2014), sim. O contrato

---

[105] Cf. MINAS GERAIS. *Contrato de Concessão Patrocinada nº 004/2022.* Disponível em: http://www.ppp.mg.gov.br/projetos/contratos-assinados/rodovia-mg-050/114-as-ultimas-noticias/contratos-assinados?layout= . Acesso em: 27 out. 2024.

[106] Cf. SÃO PAULO (Estado). *Contrato de Concessão Administrativa PPP nº 01/2014*; SÃO PAULO (Estado). *Contrato de Concessão Administrativa PPP nº 02/2014.* Disponíveis em: https://saude.sp.gov.br/ses/perfil/cidadao/ppp-complexos-hospitalares/ppp-complexos-hospitalares. Acesso em: 27 out. 2024.

[107] Cf. SÃO PAULO. *Contrato de Concessão Administrativa PPP nº 01/2012.* Disponível em: https://www.habitacao.sp.gov.br/habitacao/servicos/sobre_a_ppp. Acesso em: 27 out. 2024.

[108] Cf. SÃO PAULO. *Contrato de Concessão Administrativa nº 01/2021/CIVAP.* Disponível em: https://www.civap.com.br/licitacao/371. Acesso em: 27 out. 2024.

[109] Cf. SÃO PAULO. *Contrato de Concessão Patrocinada PPP nº 02/2021.* Disponível em: https://www.parcerias.sp.gov.br/Parcerias/Projetos/Detalhes/129 Acesso em: 27 out. 2024. O projeto das Linhas 8 e 9 não é uma PPP, mas sim uma concessão comum. O exemplo foi trazido para mostrar o contraste de tratamento, no mesmo estado, de projetos mais recentes X projetos mais antigos em um mesmo setor.

da PPP do sistema produtor de São Lourenço (2013) com a SABESP não contou com verificadores, mas a PPP do CIVAP (2022), sim. No setor de mobilidade, os primeiros contratos celebrados não eram acompanhados por esse terceiro independente. Já os mais recentes preveem essa figura, como é o caso das Linhas 8 e 9 da CPTM (2021).

Além de eventual mudança de comportamento dos entes contratantes de PPPs, outro ponto possivelmente associado à tendência de crescimento da orientação de contratação de verificadores independentes pode estar relacionado à presença do BNDES como estruturador de concessões e PPPs, papel consolidado pelo banco nos últimos anos[110] a partir da percepção de que as modelagens dos projetos deveriam ser realizadas com um olhar mais cuidadoso para a bancabilidade dessas parcerias.

De acordo com as informações divulgadas pelo BNDES, a sua "fábrica de projetos"[111] já é responsável pela estruturação de mais de 190 iniciativas, que, somadas, potencialmente geram mais de 580 bilhões de reais em investimentos para o país. O universo de projetos já concluídos[112] – com licitação realizada e contrato assinado – conta com treze PPPs.[113] Desses, a totalidade[114] contém previsões contratuais sobre a contratação de verificadores independentes.

Os projetos estruturados pelo BNDES têm alto potencial de replicabilidade. Por serem projetos com documentos disponibilizados publicamente, com atratividade privada e aderentes aos aspectos que

---

[110] INFRACAST. A importância da ANA na gestão de recursos hídricos, com Verônica Sanchez (presidente da ANA). Verônica Sanchez, presidente da ANA, discute o impacto do novo Marco do Saneamento, as concessões, PPPs e a adaptação das agências reguladoras. Abordamos neste episódio a atuação da ANA diante das mudanças climáticas e a importância da infraestrutura sustentável para a segurança hídrica no Brasil. YouTube, 30 set. 2024. Disponível em: https://www.youtube.com/watch?v=_n4tJg9Xv6A. Acesso em: 2 out. 2024.

[111] BNDES. *Oportunidades de investimentos em projetos estruturados pelo BNDES e informações úteis em setores destacados da economia brasileira*. Disponível em: https://hubdeprojetos.bndes.gov.br/pt. Acesso em: 2 set. 2024.

[112] BNDES. *Nossos Projetos Concluídos*. Disponível em: https://hubdeprojetos.bndes.gov.br/pt/projetos/projetos-concluidos. Acesso em: 4 set. 2024.

[113] Além das PPPs, dezesseis projetos de concessões comuns foram estruturados pelo BNDES e já contratados pelos respectivos entes. Os projetos mais recentes, estruturados a partir de 2021, também trouxeram previsões expressas quanto à necessidade de contratação de verificadores independentes.

[114] No caso de Guarulhos (PPP do Hospital Infantojuvenil de Guarulhos), o VI recebe o nome de "verificador de conformidade". No caso da PPP da iluminação pública de Guarulhos, há um "auditor independente", cujas competências são aquelas tipicamente desempenhadas por um VI.

conferem financiabilidade para os projetos, podem ser referências importantes para outros projetos em todo o Brasil.

Assim, disposições contratuais que prevejam a contratação de verificadores independentes podem influenciar outras modelagens, levando-as a replicar o padrão do BNDES – e, portanto, a indicação contratual de que os verificadores independentes devem ser contratados.

3.5. Evolução das atividades desempenhadas pelo verificador independente

A maioria das PPP analisadas previu que a figura do VI deve ter sua atuação centrada na mensuração dos indicadores de desempenho da concessionária. Nesse sentido, a principal competência dos verificadores tem sido o cálculo da contraprestação devida, calculada a partir da verificação do cumprimento dos requisitos de prestação dos serviços pelo parceiro privado.

Sobretudo nas PPPs celebradas até o ano de 2016, são raras as atribuições que extrapolam a atividade de avaliação de desempenho e do cálculo associado de contraprestações, conforme se constatou no levantamento realizado (ver Apêndice A). Nos projetos mais recentes (2019-2023), contudo, são identificadas atribuições adicionais. São cada vez mais comuns os contratos que trazem disposições sobre o papel de apoiar as partes nos processos de cálculo dos desequilíbrios e de recomposição da equação econômico-financeira das PPPs.

Assim, os VIs também passam a ter o papel de auxiliar o Poder Concedente na apuração de saldos de fluxos de caixa, que visam à recomposição do equilíbrio econômico-financeiro das PPPs. Essa atribuição também costuma ser aplicada nas análises dos eventos geradores dos desequilíbrios e na avaliação da legitimidade dos pleitos requeridos pelas concessionárias. A tomada de decisão final, contudo, fica a cargo do Poder Concedente, e o VI atua como um auxiliar técnico do procedimento.

Abaixo se apresenta um resumo, por período, do diagnóstico da evolução da atuação de VIs nos projetos brasileiros de PPP:

Tabela 1 – Evolução da atuação de VIs nos projetos brasileiros de PPP

Período analisado	Principais atividades	% de projetos com previsão das atividades destacadas
2012-2016	Nos projetos em que é previsto, o VI ocupa, basicamente, um papel de mensuração dos indicadores de desempenho previamente estabelecidos na parceria público-privada, além de calcular a contraprestação devida (a ser validada pelo Poder Concedente).	Em 82% dos documentos disponibilizados das PPPs celebradas entre 2012 e 2016, houve atuação apenas dedicada à mensuração de desempenho e ao cálculo da contraprestação. Em 18% dos contratos no período, os VIs podiam desempenhar alguma outra atividade.
2017-2019	Alguns projetos também passam a prever VIs que, além de se ocuparem da mensuração de desempenho e do cálculo das contraprestações, participam de pleitos de reequilíbrio econômico-financeiro, como entidade técnica. As decisões, porém, são tomadas pelas partes, contando com o auxílio do VI e considerando suas ponderações e estudos.	Em 55,6% das PPP celebradas entre 2017 e 2019, houve atuação dedicada à mensuração de desempenho e ao cálculo da contraprestação e também apoio em processos de reequilíbrio contratual.
2019-2023	A linha majoritária de VIs continua a ter as mesmas atribuições do período de 2017-2019. Contudo, alguns projetos também passam a prever VIs que participam do monitoramento dos contratos e atuam como auxiliares da sua gestão ativa. A esses cabe acompanhar toda a execução contratual, mapear e indicar erros ou problemas da modelagem inicial do projeto (sejam eles econômico-financeiros ou no âmbito dos serviços prestados) e propor melhorias e soluções às partes, visando à melhor eficiência do contrato (cálculo de indenizações, emissão de pareceres técnicos, verificação dos bens reversíveis, apoio na análise de documentos, desenvolvimento de sistemas etc.).	Em 50,6% das PPPs celebradas entre 2019 e 2023, houve atuação dedicada à mensuração de desempenho e cálculo da contraprestação, apoio em processos de reequilíbrio contratual e outras atribuições de apoio à gestão.

Fonte: Elaborado pela autora.

Nos períodos mais recentes, verificam-se nos contratos algumas disposições que sinalizam a evolução da competência dos VIs. Na PPP da Iluminação Pública da Cidade de São Paulo, por exemplo, cujo primeiro contrato de concessão administrativa foi firmado no ano de 2018 (contrato n. 003/SMSO/2018),[115] além do acompanhamento da execução da PPP e da avaliação do fator de disponibilidade e de desempenho da Concessionária, o VI também tinha a atribuição de promover o "auxílio em eventual liquidação de valores decorrentes da recomposição do reequilíbrio econômico-financeiro da Concessão e do pagamento de indenizações à Concessionária" (detalhado na cláusula 21 do contrato da PPP).[116]

A partir de 2019, em parte majoritária das PPPs analisadas, o VI, além da atribuição tradicional de monitoramento de desempenho e da eventual competência de participar em reequilíbrios econômico-financeiros, também passou a ter um papel de auxiliar atividades ou participar de comitês ou juntas de mediação entre o Poder Concedente e a concessionária.

Um exemplo disso é o caso da PPP de iluminação pública de Toledo, no Paraná. Naquele contexto, o VI devia realizar uma série de outras atividades, além da mensuração de desempenho da concessionária e do apoio nos processos de desequilíbrio:

a) Cálculo da CONTRAPRESTAÇÃO MENSAL EFETIVA e reajuste anual da CONTRAPRESTAÇÃO MENSAL MÁXIMA; b) Emissão do TERMO DE ACEITE para os SERVIÇOS no escopo da CONCESSÃO (CADASTRO BASE, CENTRO DE CONTROLE OPERACIONAL, MARCOS DA CONCESSÃO, ILUMINAÇÃO ESPECIAL, SISTEMA DE TELEGESTÃO e PLANO DE DESMOBILIZAÇÃO OPERACIONAL), nos termos do ANEXO 6.5; c) A emissão do TERMO DE ACEITE como condição para liberação do APORTE PÚBLICO nos termos da

---

[115] SÃO PAULO (Estado). *Contrato nº 003/SMSO/2018*. Disponível em: https://www.prefeitura.sp.gov.br/cidade/secretarias/upload/prefeituras_regionais/ilume/Contrato003SMSO2018.pdf. Acesso em: 1º ago. 2023.

[116] "21.1. O PODER CONCEDENTE se valerá de serviço técnico de verificação independente para auxiliá-lo no acompanhamento da execução do presente CONTRATO, bem como na avaliação do FATOR DE DISPONIBILIDADE e do FATOR DE DESEMPENHO pela CONCESSIONÁRIA e na aferição do cumprimento das demais obrigações por ela assumidas, podendo auxiliar o PODER CONCEDENTE, ainda, em eventual liquidação de valores decorrentes da recomposição do reequilíbrio econômico-financeiro da CONCESSÃO e do pagamento de indenizações à CONCESSIONÁRIA". SÃO PAULO (Estado). Secretaria de Serviços e Obras. *Contrato nº 003/SMSO/2018*. São Paulo, 2015. Disponível em: https://www.prefeitura.sp.gov.br/cidade/secretarias/upload/prefeituras_regionais/ilume/Contrato 003SMSO2018.pdf. Acesso em: 23 out. 2024.

Cláusula 38 do CONTRATO DA CONCESSÃO; d) Validação do PLANO DE TRANSIÇÃO e suporte técnico ao MUNICÍPIO na validação do PLANO ESTRATÉGICO. O VERIFICADOR INDEPENDENTE deve emitir parecer avaliando se todas as exigências contratuais previstas (conforme o ANEXO 6.5) foram cumpridas pela CONCESSIONÁRIA;[117] [...].

Ademais, alguns projetos também passaram a incluir mais funções no escopo das atribuições de atuação dos VIs. Citem-se, como exemplo, os projetos de PPP do estado do Piauí, em que foram identificados os VIs com maior grau de responsabilidade. Na concessão administrativa das miniusinas de energia solar,[118] por exemplo, o VI, além de acompanhar e medir indicadores de desempenho, deveria:

> a) **Propor melhorias no sistema de mediação, buscando geração de eficiência ou economia financeira para as partes; b) Desenvolver sistema de tecnologia de informação para coleta, arquivo e disponibilização de dados e informações referentes aos índices; c) Assessorar o CMOG nos procedimentos de reequilíbrio econômico-financeiro.** (Grifos meus)

Como se abstrai do exemplo acima, o VI passa a incorporar o papel de buscar o constante aprimoramento da concessão, visando ao ganho de eficiência na prestação de serviços por meio de sugestão de medidas que proporcionem economia financeira para as partes.

Outro exemplo que confirma a tendência de conferir mais robustez à atividade do VI é o da PPP do Veículo Leve sobre Trilhos de Salvador (Concessão Patrocinada), realizada pelo estado da Bahia no ano de 2019.[119] O projeto, embora ainda não contasse com um VI selecionado, já previa, em seu contrato, que essa figura seria responsável por

> i. realizar a Avaliação de Desempenho e o cálculo da variação da Contraprestação Mensal Efetiva;
>
> ii. avaliar o equilíbrio econômico-financeiro do Contrato e revisar o fluxo de caixa marginal;

---

[117] TOLEDO. *Concessão administrativa para prestação de serviços de iluminação pública*. Disponível em: https://www.toledo.pr.gov.br/ppp/. Acesso em: 20 out. 2024.
[118] PIAUÍ. Superintendência de Parcerias e concessões (SUPARC). *Miniusinas de Energia Solar*. Disponível em: https://suparc.sead.pi.gov.br/projetos/miniusinas-de-energia-solar/. Acesso em: 24 maio 2024.
[119] BAHIA. *Projeto do VLT*. Disponível em: http://www.sedur.ba.gov.br/mobilidade-urbana/vlt/. Acesso em: 3 ago. 2023.

iii. realizar o cálculo dos reajustes de valores previstos no Contrato;

iv. realizar a pesquisa de satisfação dos Usuários para aferição do indicador de desempenho;

v. verificar custos/despesas e receitas principais e extraordinárias;

vi. apurar o valor a ser repassado para o CONCEDENTE a título de taxa regulatória;

vii. apurar o valor das Receitas Extraordinárias a serem repassadas ao CONCEDENTE;

ix. apurar a demanda de passageiros para fins de compartilhamento com o CONCEDENTE;

x. controlar os bens reversíveis;

xi. avaliar periodicamente os registros das informações geradas pela CONCESSIONÁRIA relativas à comercialização, bilhetagem, custódia, liquidação, distribuição e clearing;

xii. outras atribuições previstas no Contrato de Concessão;

xiii. monitorar os resultados da execução da concessão e validar os dados obtidos; a atividade de monitoramento deverá produzir ativo substancial para a melhoria dos processos de aferição, pois somente assim se terá visão completa e concreta da situação do projeto;

xiv. validar todos os dados técnicos e econômico-financeiros dos pedidos de revisão ordinária e extraordinária;

xv. analisar o cenário que originou a reivindicação frente aos termos contratuais que se aplicam ao pleito, gerando, ao final, um parecer técnico. O parecer técnico deverá dar suporte à análise econômico-financeira, na qual o VERIFICADOR INDEPENDENTE deverá avaliar e dimensionar, caso exista, o impacto econômico-financeiro do pleito no projeto.

xvi. recomendar os parâmetros para a recomposição econômico-financeira do contrato, ou para ajuste no valor da contraprestação, consolidando os resultados de suas análises em relatório técnico-financeiro.

As atribuições conferidas ao VI no projeto baiano citado assemelham-se a atividades tipicamente desempenhadas nos processos de revisão ordinária conduzidos por agências regulatórias.

As contratações de verificadores independentes têm evoluído na direção de permitir a eles uma atuação mais abrangente, em especial por meio de análises necessárias à manutenção do equilíbrio contratual e a outras questões que impactam a remuneração da concessionária.

Desde seu nascimento, em 2008, os verificadores já conduziam processos que poderiam afetar a remuneração dos parceiros privados. Possivelmente, os temas relacionados ao cumprimento dos indicadores de desempenho foram, também, esbarrando em outras temáticas correlacionadas – como a transformação e eventual adequação dos próprios indicadores de desempenho, reajustes do contrato, revisões necessárias ou atualizações do contrato de PPP.

Os temas relacionados ao equilíbrio contratual são bastante abrangentes. Tudo o que disser respeito à materialização de riscos que impactam cada negócio deverá ser tratado nos processos de reequilíbrio da PPP. Talvez em função disso os contratos mais recentes tenham percebido, (i) de um lado, a vinculação desse tema com os indicadores que deverão ser cumpridos pela concessionária, que, vez ou outra, podem ser afetados pela materialização de algum dos riscos ou outros eventos extraordinários, e, (ii) de outro lado, a necessidade de conferir o devido tratamento econômico-financeiro, técnico e jurídico aos pleitos eventualmente apresentados.

Uma análise que deve ser feita sobre o tema diz respeito à relação entre os verificadores independentes e as agências reguladoras, que, idealmente – de acordo com alguma literatura relacionada ao tema[120] –, reuniria, de um lado, as competências necessárias e, de outro, a independência e a imparcialidade para realizar as atividades de monitoramento da *performance* e a correspondente gestão dos contratos de PPP.

A gestão de tais parcerias, porém, não é um tema simples. Muitas vezes, para processar determinados pleitos, as partes contratantes devem valer-se de diversos saberes distintos, que se completam (dada a complexa dinâmica de análises das diversas hipóteses que podem gerar desequilíbrios e a necessidade da recomposição da equação econômico-financeira da PPP).

Nem sempre a Administração Pública consegue se munir, em tempo hábil, do *know-how* multidisciplinar e aprofundado que a análise de um determinado pleito requer. Em razão disso, não são raros os casos em que a conclusão de processos de reequilíbrio fica estacionada ou em que esses processos não apresentam desfechos adequados à realidade dos investimentos.[121]

---

[120] FAJARDO, G. R. *Agências reguladoras como poder concedente nos contratos de concessão*. 2023. Dissertação (Mestrado em Direito) – Faculdade de Direito, Universidade Federal de Minas Gerais, Belo Horizonte, 2023. Disponível em: https://repositorio.ufmg.br/handle/1843/50982. Acesso em: 20 out. 2024.

[121] Nesse contexto, "a ausência de evidência substantiva do propalado 'apagão das canetas', sobretudo quanto à dimensão dos suscitados impactos sobre a tomada de decisão na gestão pública, não invalida a preocupação com o fortalecimento da segurança jurídica de gestores e demais agentes públicos no desempenho de suas funções [...]". *In*: LIMA, R. M. O "apagão das canetas": fato ou fake? *Consultor Jurídico*, 8 de dezembro de 2023.

Nos mais diversos campos, há servidores, que compõem os quadros administrativos, muito bem formados e com grande conhecimento sobre a matéria, mas, por mais que haja um enorme esforço dos mais diversos gestores, a Administração Pública tem restrições importantes que podem impactar o andamento dos processos no âmbito de uma PPP.[122]

Os verificadores independentes, nesse contexto, poderiam servir para apoiar o Poder Concedente em análises que seriam necessárias para uma tomada de decisão e, ao mesmo tempo, conferiram maior segurança ao investidor, que contaria com um terceiro imparcial para conferir maior celeridade aos processos e, também, para consolidar justificativas técnicas bem fundamentadas a fim de assegurar um juízo para a Administração mais aderente à lógica do mercado (que, em teoria, deveria ser também pelos verificadores).

É claro que, para que efetivamente sirva de apoio às partes no processamento das mais diversas temáticas, o verificador deve ser, de fato, independente e reunir as competências necessárias, demonstrando sólida atuação. A contratação de verificadores que não atendam a esses (e a outros requisitos) pode, até mesmo, comprometer o projeto – poderia, eventualmente, ser mais prejudicial do que a sua ausência.

É por isso que o tema da legitimação desse ator e do conflito de interesses é particularmente importante para este estudo. Esses temas serão detalhados no decorrer deste texto, em especial no âmbito das decisões e recomendações proferidas pelo TCU.

3.6. A evolução das atividades desempenhadas pelo verificador independente – Relação com as agências e apoio ao Poder Concedente

O levantamento de projetos realizado para esta pesquisa mostrou uma crescente tendência de verificadores com atuação mais abrangente do que apenas a mensuração do desempenho das concessionárias. Ainda que isso não seja observado na maioria dos contratos, é cada vez

---

Disponível em: https://www.conjur.com.br/2023-dez-08/o-apagao-das-canetas-fato-ou-fake/0. Acesso em: 24 out. 2024.

[122] Nesse sentido, "o receio teria descambado, no contexto brasileiro, para um medo disseminado de responsabilizações indiscriminadas, o que induziria a inação de agentes públicos frente a demandas menos triviais, além de afastar bons candidatos de posições importantes da administração pública". In: LIMA, R. M. O "apagão das canetas": fato ou fake? *Consultor Jurídico*, 8 de dezembro de 2023. Disponível em: https://www.conjur.com.br/2023-dez-08/o-apagao-das-canetas-fato-ou-fake/0. Acesso em: 24 out. 2024.

mais comum atribuir ao verificador outras atividades importantes na dinâmica contratual.

Não apenas os contratos de PPP mais recentes vêm expressando essa tendência, mas também a regulação em âmbito federal e em âmbito regional. Assim como já adiantado, a Agência Nacional de Transportes Terrestres (ANTT) e a Agência Estadual de Regulação de Serviços Públicos de Mato Grosso do Sul (AGEMS) têm recentes regulações sobre o tema da verificação independente. As duas agências trazem em suas respectivas regulações regramentos que conferem poderes mais ampliados para os verificadores do que o verificado na expressiva maioria dos contratos de PPP estudados, à exceção dos mais recentes.

A ANTT revisou recentemente a Resolução nº 6.000, de 1º de dezembro de 2022, para fazer constar um rol mais alargado de competências de verificação. A norma, que já previa a possibilidade de contratação de verificadores independentes para as novas concessões rodoviárias, incluiu mais atribuições aos verificadores do que a redação original estabelecia.

O artigo 203 sofreu as seguintes alterações:

Redação original:	REDAÇÃO ATUAL RES. 6000/2022 (*dada pela Resolução 6032/2023/DG/ANTT/MT*)
Art. 203. O verificador poderá realizar aferições de obrigações contratuais, cálculo de indenizações, apoio à aplicação de mecanismos da regulação e do contrato de concessão, conforme definido no termo de referência de contratação.	Art. 203. O verificador poderá apoiar a ANTT, conforme definido no termo de referência de contratação, em atividades tais como: (*Redação dada pela Resolução 6032/2023/DG/ANTT/MT*) I - aferição do cumprimento de obrigações contratuais, como avanço de obras obrigatórias e atendimento a parâmetros técnicos e de desempenho; (*Acrescentado pela Resolução 6032/2023/DG/ANTT/MT*) II - avaliação da consistência de informações contábeis; (*Acrescentado pela Resolução 6032/2023/DG/ANTT/MT*) III - cálculo de indenizações de qualquer natureza; (*Acrescentado pela Resolução 6032/2023/DG/ANTT/MT*) IV - análise do estado de conservação de obras supervenientes do Poder Concedente transferidas para a concessão; (*Acrescentado pela Resolução 6032/2023/DG/ANTT/MT*) V - emprego de outros mecanismos da regulação e do contrato de concessão. (*Acrescentado pela Resolução 6032/2023/DG/ANTT/MT*) §1º O verificador atuará mediante vistorias em campo, avaliação de documentos, utilização de equipamentos para a coleta de dados e outras providências necessárias ao escopo contratado. §2º A definição do escopo de atuação do verificador poderá considerar levantamentos por amostragem. §3º O verificador observará as diretrizes de boas práticas definidas pela Diretoria.

A partir da edição da norma destacada, a ANTT atribuiu um papel muito mais relevante ao verificador independente, que poderá – além de mensurar o desempenho do contrato – apoiar a agência em diversas atividades relacionadas à concessão. A nova conformação conta com um ator que participa em várias frentes do projeto, desde questões associadas ao cumprimento de obrigações contratuais, relacionadas às obras e aos investimentos que devem ser feitos pela concessionária, até o cálculo de indenizações.

Ainda, a Resolução traz mais flexibilidade para a ampliação ainda maior do escopo de atuação do VI, uma vez que considera que este poderá atuar no âmbito de outros mecanismos da regulação e do próprio contrato de concessão. Aparentemente, a ANTT entendeu que seria interessante contar com esse ator independente para apoiar atividades corriqueiras da própria Agência em sua atividade de regulação e fiscalização das concessões.

Nessa mesma tendência, e até mesmo antes do regramento editado pela ANTT, o estado de Mato Grosso do Sul editou o Decreto nº 15.355, de 29 de janeiro de 2020. De acordo com esse normativo, verificador independente é:

> pessoa jurídica de direito privado contratada para monitorar e aferir o desempenho do parceiro privado, **auxiliar o poder concedente na fiscalização, dentre outras atribuições na forma da lei e do contrato**, e que esteja apta a atuar com total imparcialidade e independência frente às partes. (Grifos meus)

O Decreto estabelece que os interessados em atuar como verificadores independentes deverão credenciar-se junto à AGEMS (cumprindo, para tanto, alguns requisitos) e, uma vez credenciados, poderão ser livremente escolhidos pelas concessionárias. O Decreto deixa espaço ainda para que as atividades dos verificadores sejam ampliadas se assim dispuserem os contratos de concessão. O Anexo VI.c ao Contrato de PPP de Infovia Digital,[123] por exemplo, atribui ao verificador uma série de atividades de apoio ao Poder Concedente (não apenas à agência, mas ao estado como um todo).[124]

---

[123] MATO GROSSO DO SUL. Concorrência Pública nº 01/2021. Disponível em https://www.epe.segov.ms.gov.br/contrato-ppp-infovia-digital/. Acesso em: 24 out. 2024.
[124] ATRIBUIÇÕES DO VERIFICADOR INDEPENDENTE Caberá ao Verificador Independente exercer as seguintes atribuições: • Avaliar a conformidade contratual do Plano de Implantação de Infraestrutura e do Cronograma Físico-Executivo, a serem apresentados

pela Concessionária como condições para a Ordem de Início dos Serviços; • Avaliar a conformidade contratual do Plano de Ativação dos Serviços; • Avaliar os projetos de engenharia para implantação da infraestrutura; • Avaliar a conformidade contratual da ativação dos serviços em cada Município; • Aferir os indicadores de desempenho; • Acompanhar e comunicar ao Poder Concedente sobre o compartilhamento de Receitas Acessórias; • Calcular a contraprestação mensal; • Atuar em conjunto com o Poder Concedente e a SPE para a elaboração do Termo de Entrega de Bens Reversíveis; • Acompanhar anualmente o inventário dos bens reversíveis e vinculados apresentados pela SPE e, ao final do contrato, emitir parecer sobre o estado de conservação dos Bens Reversíveis e acompanhar o processo de reversão ao Poder Concedente; • Atuar em conjunto com o Poder Concedente e a SPE nos pleitos para recomposição do equilíbrio econômico-financeiro do Contrato; • Atuar em conjunto com o Poder Concedente e a SPE na atualização do sistema de medição dos indicadores de desempenho; • Desenvolver solução de *software* para coleta, arquivo e disponibilização de dados e informações referentes aos indicadores de desempenho; • Outras atribuições previstas no Contrato e em seus Anexos. 5. PRODUTOS DO VERIFICADOR INDEPENDENTE O Verificador Independente deverá apresentar os seguintes produtos: a) b) c) Plano de Trabalho, a ser apresentado antes do início dos serviços; Relatório de Implantação de Infraestrutura e Ativação dos Serviços; Relatório de Avaliação de Desempenho e de Cálculo da Contraprestação, com periodicidade mensal; d) e) f) Relatório dos Bens Reversíveis e Bens Vinculados, com periodicidade anual; Relatório Gerencial do contrato de Concessão Administrativa, com periodicidade anual; Solução de *software* via sistema web para acompanhamento e registro dos resultados dos indicadores de desempenho; O Plano de Trabalho deverá apresentar, no mínimo, a metodologia a ser aplicada e o desenho de todos os processos necessários para a verificação independente. O Relatório de Implantação de Infraestrutura e Ativação dos Serviços deverá ser elaborado conforme demanda e conter minimamente as seguintes informações: I. II. III. Avaliação do plano de implantação de Infraestrutura e cronograma físico-executivo; Avaliação do plano de ativação dos serviços; Avaliação dos projetos de engenharia; IV. Aferição dos requisitos para ativação dos serviços; V. Apuração do escalonamento de contraprestação ou *ramp up*. O Relatório de Avaliação de Desempenho deverá ser detalhado com os resultados dos trabalhos realizados, na forma prevista no Contrato e, sempre que couber, conterá as seguintes informações: I. II. III. Apuração dos indicadores de desempenho e redutor; Apuração das receitas acessórias e respectivo compartilhamento; Apuração do valor da contraprestação mensal; IV. Demonstração da memória de cálculo; V. Confrontação dos resultados apurados com aqueles produzidos pela SPE; VI. Identificação da fonte das informações e dados utilizados no relatório; VII. Indicação de possíveis falhas cometidas pela SPE; VIII. Indicação de procedimentos para melhorar o acompanhamento e a fiscalização do contrato de concessão; IX. Indicação da empresa e equipe técnica responsável pela elaboração do relatório; X. Outras informações consideradas de relevância. O Relatório dos Bens Reversíveis e Bens Vinculados deverá apresentar, no mínimo, relação da categoria do ativo, localização do ativo, data de disponibilização, valor histórico de construção ou aquisição com a respectiva data-base, amortização ou depreciação acumulada desde o início do contrato e no exercício financeiro, descrição do estado dos bens e registro fotográfico dos bens. O Relatório Gerencial do contrato de Concessão Administrativa deverá conter a consolidação das informações contidas no Relatório de Avaliação de Desempenho e no Relatório dos Bens Reversíveis e Bens Vinculados, bem como o acompanhamento consolidado da conformidade contábil, econômica e financeira da SPE. A solução de software via sistema web deverá possibilitar ao Poder Concedente e à SPE o acesso às informações referentes aos resultados dos indicadores. *In*: MATO GROSSO DO SUL. Secretaria de Estado da Fazenda. *Diretrizes para contratação do verificador independente*. Anexo VI.c. Disponível em: https://www.epe.segov.ms.gov.br/consulta-e-audiencia-publica-01-2021-ppp-infovia-digital/. Acesso em: 20 nov. 2024.

Não somente isso. O referido anexo contratual estabelece que a atuação – bem como as diretrizes de contratação – do verificador independente poderá ser revisada em comum acordo pelas partes da PPP:

8. REVISÃO DAS DIRETRIZES DE CONTRATAÇÃO DO VERIFICADOR INDEPENDENTE No processo de revisão ordinária dos parâmetros da Concessão, as Partes, em comum acordo, poderão revisar as diretrizes previstas neste Anexo para adequar as diretrizes de contratação do Verificador Independente às mudanças acordadas pelas Partes durante a revisão ordinária.

A regulação de ambas as agências mencionadas parece inaugurar um olhar importante para o tema da verificação independente. Alguns contratos de PPP já vêm ampliando, também, o espaço para a atuação dos verificadores. O que pode explicar essa tendência é a necessidade de a gestão dessas parcerias depender de uma tratativa muito dinâmica entre as partes. Os contratos de PPP são, por excelência, contratos incompletos,[125] sujeitos, portanto, a variações naturais que o tempo promove nos arranjos.

Tais contratos sofrem constantes revisões e renegociações devido a essa incompletude e à sua complexidade.[126] Demandam, assim,

---

[125] "Não obstante seja um assunto de amplo debate acadêmico, interessa neste ponto do trabalho perceber o problema da incompletude do contrato e o seu agravamento quando se trata de relações de longo prazo, como é a concessão. Assim, é próprio do contrato de concessão a sua incompletude, e contratos com essa característica normalmente importam na necessidade de serem feitas adaptações e de se permitir algum grau de flexibilidade durante sua vigência, para que possam se acomodar às mudanças ocorridas ao longo do tempo. A doutrina clássica francesa, por nós incorporada, reconhece juridicamente essa necessidade, ao construir a teoria da alteração do contrato administrativo. A impossibilidade fática de o contrato antecipar todos os problemas futuros impõe limites aos mecanismos de consenso, já que as informações disponíveis no momento da contratualização são, por definição, insuficientes para um contrato de longo prazo. É preciso reconhecer que o risco da incompletude pode ser minimizado por meio deles, mas não eliminado. A revisão das condições econômicas ou mesmo das condições de prestação do serviço, seja em favor do particular ou da Administração, decorre da própria natureza do objeto contratado (que via de regra envolve a prestação de um serviço público) e da passagem do tempo. Inegavelmente, há um grau de indeterminação na relação que sé concretizará durante a execução do contrato". (Grifos meus) *In*: CRISTINA, V. *A caracterização do contrato de concessão após a edição da Lei nº 11.079/2004*. 2009. Tese (Doutorado em Direito) – Faculdade de Direito, Universidade de São Paulo, São Paulo, 2009. Disponível em: https://www.teses.usp.br/teses/disponiveis/2/2134/tde-24112009-131838/pt-br.php. Acesso em: 6 nov. 2015. p. 64.

[126] "O longo prazo de duração dos contratos de concessões e parcerias público-privadas exige harmonia entre a previsibilidade e a flexibilidade para o sucesso da relação contratual que constrói políticas públicas. É primordial ao concessionário ter segurança jurídica das normas lhe serão aplicadas. Mas também o poder concedente necessita conhecer de

atuação muito presente do Poder Concedente, que deve acompanhar uma série de temas específicos relacionados ao universo do contrato em questão.

As PPPs são empreendimentos que contemplam frentes múltiplas, riscos variados, engenharia de capital própria, contratações de terceiros e relacionamentos com o mercado securitário e financeiro, entre outros tantos assuntos. Conhecer cada um desses universos demandaria dos estados, dos municípios e das agências deter em seus corpos técnicos servidores potencialmente muito especializados ou, então, contratar, por meio de procedimentos específicos, os especialistas capazes de atuar em cada eventual intercorrência.

É durante a gestão da concessão[127] que as partes "testam" tudo aquilo que foi projetado durante a modelagem do contrato e efetivamente consolidam o arranjo de PPP. É nessa fase que o Poder Concedente e a concessionária se deparam com procedimentos de revisão ordinária e extraordinária, desequilíbrios econômico-financeiros, avaliação e aplicação de penalidades, acompanhamento dos riscos contratualizados, materialização de eventos incertos, de força maior, e outras questões.

A ampliação das atividades de verificação independente pode, portanto, estar relacionada, por um lado, às deficiências na atuação das

---

antemão quais são as obrigações do setor privado a fim de exigir e fiscalizar a prestação correta do serviço, além de prescrever regras objetivas para orientar a boa gestão dos contratos e garantir sua sobrevivência em meio a diversos ciclos políticos. A flexibilidade, inerente ao manejo das inúmeras condições supervenientes à assinatura do contrato, por sua vez, indica que a dura previsibilidade pode atuar como um exercício de futurologia falho, já que não é possível prever todos os eventos que venham a interferir no contrato, minando as necessárias alterações que certamente estão no porvir. Desta forma, o contrato deve ser flexível e construído dinamicamente para acompanhar e absorver as evoluções tecnológicas e as necessidades demonstradas pela realidade e pela sociedade, a fim de manter o propósito de entregar a melhor prestação do serviço concedido". (Grifos meus) *In*: COHEN, Isadora *et al*. Flexibilidade e previsibilidade nos contratos de concessões e PPPs. *Jota*, 25 jun. 2021. Disponível em: https://www.jota.info/opiniao-e-analise/colunas/infra/flexibilidade-e-previsibilidade-nos-contratos-de-concessoes-e-ppps-25062021. Acesso em: 12 jan. 2024.

[127] Sobre a gestão dos contratos de PPPs, diz o estudo Estruturação de projetos de PPP e concessão no Brasil, desenvolvido pelo Banco Mundial: "A complexidade e a escala de PPPs exigem uma abordagem de gestão baseada em equipe para garantir que todas as capacidades necessárias sejam efetivamente aplicadas. Para projetos de PPP, as especializações necessárias incluem as áreas comercial, financeira, técnica, operacional e legal. O grau exato de especialização e experiência varia de um projeto para outro, dependendo da sua natureza". *In*: INTERNATIONAL FINANCE CORPORATION/WORLD BANK GROUP. *Estruturação de projetos de PPP e concessão no Brasil*: diagnóstico do modelo brasileiro e propostas de aperfeiçoamento. Estudo coordenado pela IFC/World Bank Group para o Programa de Fomento à Participação Privada, uma iniciativa de IFC, BNDES e BID. Dezembro 2015. Disponível em: https://web.bndes.gov.br/bib/jspui/handle/1408/7211?&locale=pt_BR. Acesso em: 24 nov. 2024.

agências em face do conjunto de questões que se apresentam no decorrer do contrato e, por outro, à falta de estrutura dos próprios Poderes Concedentes para lidar com contratos de PPP. Muitos contratos de investimento no Brasil, entre os quais se encontram as PPPs, estão sujeitos às dificuldades de gestão e monitoramento, que, quando não são acompanhados dos competentes subsídios técnicos, podem gerar eventos danosos como a paralisação de empreendimentos ou a deterioração da relação entre o Poder Concedente e a concessionária.

As agências, muitas vezes, podem ter dificuldades para contratar especialistas ou constituir cargos aptos a lidar com temas contratuais complexos, como os reequilíbrios econômico-financeiros. Contar com o auxílio de um VI permite certa mobilidade e agilidade para analisar as problemáticas e demandas inerentes aos contratos complexos. No Brasil, ainda sofrem com uma série de entraves burocráticos, que acabam por impedir, na prática, um adequado acompanhamento pormenorizado dos contratos de PPPs. Restrições e congelamentos orçamentários constantes, disparidades salariais entre o setor público e o privado, a não reposição de vagas e até a demora na nomeação de dirigentes das autarquias têm dificultado os trabalhos das agências reguladoras, criando uma defasagem, muitas vezes, evidente.

No âmbito orçamentário e financeiro, as contingências também são um tema recorrente. De acordo com o Tribunal de Contas da União, de 2004 a 2009, as agências expandiram seus gastos anuais médios de R$ 733 milhões para R$ 1,4 bilhão.[128] Contudo, no mesmo período, o bloqueio orçamentário total das agências aumentou de R$ 2,5 bilhões para R$ 7,5 bilhões, cenário que se mantém nos anos mais recentes.

Além disso, como indicado na pesquisa de Bruno Meyerhof Salama e Arthur Barrionuevo (FGV Direito SP),[129] coordenada por Juliana

---

[128] BORGES, André; ULHÔA, Raquel. Para o TCU, agências reguladoras sofrem com falta de autonomia. *Valor Econômico*, 5 jun. 2012. Disponível em: https://valor.globo.com/brasil/noticia/2012/06/05/para-o-tcu-agencias-reguladoras-sofrem-com-falta-de-autonomia.ghtml. Acesso em: 8 ago. 2023. Além disso, veja-se também, sobre os passivos regulatórios: GARCIA, Francisco Acioli; PASSOS, Luísa Nóbrega; MOREIRA, Vitor Gomes. Equacionamento de passivos regulatórios pela via consensual em contratos de concessão de serviço público. *Revista da Procuradoria-Geral do Estado de São Paulo*, 2023. Disponível em: https://revistas.pge.sp.gov.br/index.php/revistapegesp/article/view/1340. Acesso em: 10 out. 2024.

[129] SALAMA, Bruno Meyerhof (coord.); BARRIONUEVO FILHO, Arthur (coord.); PALMA, Juliana Bonacorsi de; DUTRA, Pedro. *Processo de nomeação de dirigentes de agências reguladoras*: uma análise descritiva. São Paulo: FGV, 2017. Disponível em: https://bibliotecadigital.fgv.br/dspace/bitstream/handle/10438/24882/02_sumario_executivo_grp_-_pep_01.pdf. Acesso em: 27 ago. 2023.

Bonacorsi de Palma, as agências reguladoras[130] no Brasil (nas esferas federal e estadual) enfrentam outros problemas práticos, como a presença de corpos técnicos sem os necessários níveis de especialização acadêmica e a demora média de 188 (cento e oitenta e oito) dias entre a saída de um dirigente de agência reguladora do cargo (presidente e/ ou diretores) e a indicação de outro profissional.[131]

Os eventuais solavancos na gestão dos contratos de PPP, causados pelas constantes mudanças de gestores nas agências,[132] poderiam ser mitigados pela presença de verificadores. Estes podem vir a se somar às agências reguladoras, uma vez que não concorrem com elas, mas se

---

[130] Foram selecionadas, na pesquisa, dezoito Agências Reguladoras, sendo seis delas federais (ANATEL, ANTAQ, ANAC, ANEEL, ANP e ANTT) e doze estaduais (ARSEP, AGERBA, ARSAE, AGENERSA, AGETRANSP, ARTESP, STM, AGEPAR, AGESAN, AGESC, AGERGS e AGR).

[131] O levantamento feito pela pesquisa ainda vai além, revelando que um nível significativo de dirigentes de agências reguladoras não chega a concluir seus mandatos e que os governos, a despeito dos objetivos de constituição das agências, têm certa capacidade de interferência nos órgãos. O contexto, muitas vezes, estimula a chamada "paralisia decisória", em que decisões efetivas, de natureza tanto regulatória como fiscalizatória, deixam de ser aplicadas. Nesse sentido, ressaltam os autores em suas conclusões: "1 em cada 5 mandatos não são cumpridos até o fim. [...] Os dados sugerem que a causa mais comum para saída antecipada seja a troca de governo. As causas para a saída antecipada do cargo são diversas, porém em 50% dos casos o motivo parece ter sido a troca de governo. Outros casos podem ser atribuídos a atritos entre os pares (10%), antecipação da saída para estudar no exterior (10%) e até mesmo investigação policial, particularmente no contexto da chamada Operação Porto Seguro (10%). [...] Não há, em geral, sobrevida de mandatos. Em apenas 24% dos casos os dirigentes foram reconduzidos a seus cargos. Em particular, 20% dos Presidentes foram reconduzidos e 25% dos dirigentes em geral foram reconduzidos. ANEEL e ANP foram as Agências com maior número de reconduções: respectivamente, 38% e 33%. As Agências com menos casos de recondução foram a ANAC e a ANATEL, ambas com 16%. O tempo de vacância de Presidentes tende a ser menor do que o tempo de vacância de dirigentes em geral. Entre dois e seis meses, em média, é a demora para ser nomeado um novo Presidente de Agência. Novamente os extremos são a ANEEL e a ANTT: enquanto a primeira ficou apenas 2% de sua existência sem a liderança de um Presidente (cinco meses), a ANTT não teve Presidente empossado durante 27% de sua existência (3,6 anos). Houve paralisia decisória. As reuniões dos colegiados das Agências Reguladoras são predominantemente instaladas por maioria absoluta. Na ANATEL, cujo Conselho Diretor é formado por cinco membros, as sessões são instaladas com a presença de três Conselheiros". (Grifos meus)

[132] Um nível considerável de agências reguladoras no Brasil sofre não somente com a falta de preenchimento de quadros administrativos, mas também com a falta de ocupação de cargos-chave, o que leva a uma situação de paralisia decisória. A falta de continuidade nos cargos (sendo escassos os casos de recondução de dirigentes aos seus mandatos) também pode contribuir para constantes mudanças na forma de gestão e condução das atividades das agências. O efeito concreto desse somatório de problemas é que esses órgãos, muitas vezes, não têm capacidade estruturada para acompanhar o desempenho e a *performance* dos contratos de concessão e PPPs em geral. A gestão de contratos é, consequentemente, prejudicada. A tomada de decisões e o relacionamento com o parceiro privado, por conseguinte, também são afetados.

convertem em um instrumento de apoio à fiscalização e à gestão contratual, mantendo aquelas o seu papel de evitar distorções no mercado.

A decisão, entretanto, fica a cargo das próprias agências ou entidades públicas competentes (conforme será destacado mais adiante). Em caso de inércia decisória ou de vacância nos cargos, os verificadores poderiam oferecer a visão do que seria tecnicamente adequado. Alguns contratos recentes já contêm disposições nesse sentido (conforme se apresentará a seguir).

Para além da questão das agências reguladoras, os entes governamentais responsáveis pelos projetos de PPPs no Brasil também não detêm, em geral, unidades de acompanhamento, monitoramento e fiscalização da execução dos contratos. Conforme pesquisa realizada pelo Conselho Nacional de Administração (CONSAD), conjuntamente com o Banco Nacional de Desenvolvimento (BNDES),[133] divulgada em 2021, 78% das unidades de PPPs existentes no país, consideradas suas 27 unidades federativas, relataram dificuldade para a realização das suas atividades. Além disso, apenas 39% das unidades de PPPs adotavam alguma metodologia para o acompanhamento, a gestão e a regulação dos contratos de concessão e PPP.

Entre as principais dificuldades apontadas, estavam: (i) o déficit de pessoal, (ii) a falta de eficiência e qualificação técnica da equipe, (iii) a limitação orçamentária e financeira, (iv) a ausência de padronização de relatórios para acompanhamento dos contratos e (v) a falta de definição e de priorização por parte do governo[134].

O que se constata, em suma, é que a Administração Pública brasileira, seja por meio de agências reguladoras, seja pelos órgãos do Poder Executivo, ainda enfrenta diversas deficiências de recursos humanos, materiais e financeiros, o que a impede de proceder com o devido acompanhamento da fiscalização, do monitoramento e da gestão dos contratos de PPPs.

---

[133] CONSAD. *Diagnóstico de concessões e PPPs nas Unidades Federativas*. 2020. Disponível em: http://www.consad.org.br/wp-content/uploads/2021/05/Diagn%C3%B3stico-de-Concess%C3%B5es-e-PPPs-nas-Unidades-Federativas_Final-1.pdf. Acesso em: 17 jul. 2023.

[134] As equipes dessas unidades de PPPs também são pequenas, enxutas, pouco diversas e multidisciplinares. Faltam profissionais especializados para fazer um controle técnico daqueles contratos em execução, bem como recursos humanos mínimos para estruturar projetos e monitorar, gerir e fiscalizar projetos concomitantemente. No âmbito das principais dificuldades encontradas no acompanhamento dos contratos de PPPs vigentes, o estudo destacou a "pouca atuação da agência reguladora", a "deficiência das equipes setoriais das secretarias", a "ausência do modelo de governança", as deficiências relativas à "capacitação de pessoal" e a "ausência da área técnica especialista para atuar no reequilíbrio econômico e financeiro do contrato".

Essas deficiências levam ao acúmulo de passivos regulatórios, que "carregam" os balanços das concessionárias com contingências, gerando insegurança jurídica e impactos negativos no investimento. O problema culmina na necessidade de repactuação de contratos ou em reequilíbrios econômico-financeiros que aumentam com o passar do tempo, resultando em potencial prejuízo ao erário.

O VI, nesse cenário, pode ser um agente que auxilia na conciliação de interesses contrapostos, uma vez que realiza análises técnicas e estudos embasados em dados concretos que, em geral, apontam as melhores soluções para o avanço da *performance* dos serviços concedidos. Essa atuação do VI mais ampliada – não restrita à mensuração de desempenho – pode ser aproveitada no enfrentamento dos desafios da gestão pública dos contratos de PPP.

Até porque o VI, sendo uma empresa privada (ou regida por regime de direito privado),[135] diferentemente das agências e dos Poderes Concedentes, não se submete às "amarras licitatórias" para a contratação de profissionais. Pode, portanto, com muito mais facilidade e flexibilidade contratar pessoal especializado para a composição de suas equipes, mobilizando recursos específicos para trazer a melhor visão técnica sobre cada questão que se apresenta na dialética entre as partes contratantes.

A relação entre agências e verificadores parece ser um caminho proveitoso, como se tem visto. Ocorre, porém, que, como revelou a amostra de projetos pesquisados neste trabalho, há entre os municípios grande iniciativa de conduzir, cada vez mais, projetos de PPPs, e os municípios nem sempre contam com agências. De fato, em um país com mais de 5.000 municípios, não teria cabimento supor a existência de agências locais em cada uma dessas jurisdições.

No caso do saneamento, a Lei nº 11.445/07 (e suas alterações) traz a necessidade de o titular (município) designar uma entidade reguladora para acompanhar a operação dos serviços. Geralmente, os

---

[135] No Brasil, tipicamente, os verificadores independentes se constituem sob a forma de empresas privadas, sem nenhum tipo de vínculo governamental (como se denota do levantamento feito neste trabalho). Exceções, contudo, existem, quando estatais se responsabilizam pelas atribuições típicas de um verificador independente. Um exemplo é o da SP Parcerias, sociedade de economia mista integrante da administração indireta do Município de São Paulo. Cf. SÃO PAULO (Estado). SP PARCERIAS. *Cidade para todos*. Disponível em: https://www.spparcerias.com.br/. Acesso em: 1º mar. 2023. Um exemplo é a concessão dos parques municipais, que engloba o conhecido Parque Ibirapuera. Cf. SÃO PAULO (Estado). *Projetos*. Disponível em: https://www.spparcerias.com.br/projetos. Acesso em: 7 jun. 2024.

projetos de saneamento são regulados e fiscalizados por agências locais ou regionais – com ou sem apoio de verificadores. Outro exemplo que cabe mencionar é o dos serviços de iluminação pública, em que o Poder Concedente não conta com uma entidade estruturada de regulação – nem em âmbito municipal nem em âmbito estadual. É esse o caso de Minas Gerais, que ainda não conta com uma agência para realizar a regulação e a fiscalização dos serviços concedidos (com exceção da Agência de Saneamento – ARSAE). Não parece ser coincidência que se observe no estado grande presença e atuação de verificadores independentes nos projetos de outros setores que não o saneamento.

Possivelmente, na ausência de agência reguladora, o verificador independente poderá ter uma atuação mais abrangente. Mesmo assim, seus pareceres e posições ficarão sujeitos à chancela do Poder Concedente. No subitem a seguir, trataremos da força vinculativa dos pareceres do verificador.

3.7. A força vinculante dos pareceres e documentos emitidos pelo verificador independente

Idealmente, as funções de um VI não se confundem com as atribuições típicas das agências reguladoras, às quais cabe a edição de regulações, que visam à garantia e à instituição dos padrões mínimos de qualidade dos serviços públicos delegados à iniciativa privada. Também é atribuição das agências, bem como do Poder Concedente, a atividade sancionatória (imposição de multas, penalidades e exercício do poder de polícia). Essas medidas, no entanto, podem ser apoiadas pelo verificador independente. Da análise comparativa da amostra examinada neste trabalho, foi possível extrair conclusões quanto ao tema da força vinculativa das orientações e pareceres do verificador independente. Vale mencionar que o TCU limitou bastante a atuação decisória do verificador. Nos já citados acórdãos nº 1.766/2021,[136] nº 1.769/2021,[137]

---

[136] BRASIL. Tribunal de Contas da União. *Acórdão nº 1.766/2021*. Plenário. Relator: Ministro Walton Alencar Rodrigues. Processo TC 039.400/2020-4. Ata 28/2021. Brasília, DF, Sessão 28/7/2021. Disponível em: https://pesquisa.apps.tcu.gov.br/documento/acordao-completo/ */NUMACORDAO%253A1766%2520ANOACORDAO%253A2021%2520COLEGIADO% 253A%2522Plen%25C3%25A1rio%2522/DTRELEVANCIA%2520desc%252C%2520NUM ACORDAOINT%2520desc/0. Acesso em: 23 ago. 2023.

[137] BRASIL. Tribunal de Contas da União. *Acórdão nº 1.769/2021*. Plenário. Relator: Ministro Raimundo Carreiro. Processo TC 028.116/2020-8. Ata 28/2021. Brasília, DF, Sessão 28/7/2021. Disponível em: https://pesquisa.apps.tcu.gov.br/documento/acordao-comple to/*/NUMACORDAO%253A1769%2520ANOACORDAO%253A2021%2520COLEGIAD

nº 2.804/2021,[138] nº 2.147/2022[139] e nº 2.534/2022,[140] a Corte reconheceu a possibilidade de contratação de verificador independente desde que o contrato contivesse, entre outras condicionantes, previsões expressas sobre a não vinculação da opinião emitida por ele a qualquer das partes.

O Apêndice A contém um mapeamento dos contratos analisados em que se procurou verificar se havia disposições acerca de regramento sobre a vinculação das partes ao juízo expresso pelo verificador ou ênfase na necessidade de que essas orientações passassem pelo crivo da Administração Pública para que pudessem, eventualmente, ter força de decisão. Em suma, avaliou-se se os contratos traziam disposições similares ao regramento regulatório daquelas encontradas nas citadas normas da ANTT[141] e da AGEMS[142] (sem efeito vinculativo, como se

---

O%253A%2522Plen%25C3%25A1rio%2522/DTRELEVANCIA%2520desc%252C%2520NUMACORDAOINT%2520desc/0. Acesso em: 22 ago. 2023.

[138] BRASIL. Tribunal de Contas da União. *Acórdão nº 2.804/2021*. Plenário. Relator: Ministro Vital do Rêgo. Processo TC 024.127/2021-3. Ata 26/2021. Brasília, DF, Sessão 24/11/2021. Disponível em: https://pesquisa.apps.tcu.gov.br/documento/acordao-completo/2804%252F2021/%2520/DTRELEVANCIA%2520desc%252C%2520NUMACORDAOINT%2520desc/0 . Acesso em: 16 ago. 2023.

[139] BRASIL. Tribunal de Contas da União. *Acórdão nº 2.174/2022*. Plenário. Relator: Ministro Benjamin Zymler. Processo TC 012.956/2022-8. Ata 37/2022. Brasília, DF, Sessão 28/9/2021. Disponível em: https://pesquisa.apps.tcu.gov.br/documento/acordao-completo/*/NUMACORDAO%253A2147%2520ANOACORDAO%253A2022/DTRELEVANCIA%2520asc%252C%2520NUMACORDAOINT%2520asc/2. Acesso em: 16 ago. 2023.

[140] BRASIL. Tribunal de Contas da União. *Acórdão nº 2.534/2022*. Plenário. Relator: Ministro Benjamin Zymler. Processo TC 010.212/2022-1. Ata 24/2022. Brasília, DF, Sessão 23/11/2022. Disponível em: https://pesquisa.apps.tcu.gov.br/documento/acordao-completo/%2522verificador%2520de%2520conformidade%2522/%2520/DTRELEVANCIA%2520desc%252C%2520NUMACORDAOINT%2520desc/1. Acesso em: 16 ago. 2023.

[141] "§1º O apoio técnico realizado pelo verificador não elide a competência fiscalizatória e a atividade regulatória a ser exercida pela ANTT, diretamente ou mediante descentralização de sua atividade. §2º Os relatórios e produtos do verificador devem ser submetidos à validação da ANTT, que não estará vinculada às conclusões neles constantes". *In*: BRASIL. Ministério da Infraestrutura. Agência Nacional de Transportes Terrestres (ANTT). *Resolução nº 6.000, de 1º de dezembro de 2022*. Aprova a segunda norma do Regulamento das Concessões Rodoviárias, relativa a bens, obras e serviços, aplicável aos contratos de concessão de exploração de infraestrutura rodoviária sob competência da Agência Nacional de Transportes Terrestres. Disponível em: https://anttlegis.antt.gov.br/action/ActionDatalegis.php?acao=abrirTextoAto&link=S&tipo=RES&numeroAto=00006000&seqAto=000&valorAno=2022&orgao=DG/ANTT/MI&cod_modulo=392&cod_menu=7220. Acesso em: 28 out. 2024.

[142] "Verificador Independente não substitui a Administração Pública na função de fiscalização do contrato, sendo responsável por auxiliar tecnicamente o poder concedente e a concessionária a atingirem os objetivos da Concessão Comum e da Parceria Público-Privada". *In*: MATO GROSSO DO SUL. *Decreto nº 15.355, de 29 de janeiro de 2020*. Dispõe sobre as regulamentações de credenciamento de Verificador Independente a ser contratado nas Concessões Comuns e nas Parcerias Público-Privadas realizadas no âmbito do Estado de Mato Grosso do Sul. Disponível em: http://aacpdappls.net.ms.gov.br/appls/legislacao/

viu anteriormente) ou se dispunham de maneira mais aproximada do que foi definido no Contrato de Concessão das Linhas 8 e 9 da CPTM em São Paulo:[143]

> 20.1.3 As previsões, neste CONTRATO e nos ANEXOS, que atribuem aos laudos, relatórios, ou outros documentos correlatos, produzidos pelo VERIFICADOR INDEPENDENTE e ao AUDITOR INDEPENDENTE, natureza de observância compulsória pelas PARTES, perdurarão exclusivamente até que a fiscalização e regulação deste CONTRATO seja delegada definitivamente à agência reguladora que integre a Administração Pública do Estado de São Paulo.
> 20.1.3.1 Ocorrida a delegação de que trata a Cláusula 20.1.3, os documentos nela mencionados possuirão caráter de subsídio técnico à tomada de decisão da agência reguladora.

Os contratos de PPPs analisados foram, então, divididos quanto ao grau de vinculação trazido para os relatórios e pareceres dos respectivos verificadores. O que se notou foi que a expressiva maioria dos casos mimetiza os regramentos presentes das Resoluções da ANTT e da AGEMS. Do total de contratos, 97,56% trouxeram disposições que limitam a atuação dos verificadores ao apoio à gestão.[144] Assim, os pareceres desses atores têm caráter opinativo, e a tomada de decisão cabe, em última análise, às agências ou aos representantes do Poder Concedente. Dito de outra forma, as análises e decisões emitidas pelo verificador não vinculam, necessariamente, as partes, havendo a necessidade de posterior chancela ou convalidação. Numa significativa maioria dos casos analisados, havia disposições expressas que submetiam as orientações do verificador ao crivo do administrador público.

---

secoge/govato.nsf/fd8600de8a55c7fc04256b210079ce25/85905b6d42340744042584ff0043a5 3f?OpenDocument. Acesso em: 28 out. 2024.

[143] O contrato das linhas 8 e 9 da CPTM no Estado de São Paulo, embora seja uma concessão comum, foi utilizado neste trabalho como um *case* paradigmático para estabelecer um padrão do que seria classificado como regramento que definiria uma força vinculativa para os pareceres do verificador independente. Esse exemplo traz disposições interessantes sobre os poderes da figura do VI. Vale dizer que o regramento trazido por esse contrato é *sui generis* em relação aos demais contratos do mesmo estado. Mesmo os contratos subsequentes celebrados pelo estado – inclusive os do próprio setor metroferroviário – não repetiram tais comandos normativos contratuais quanto à atuação do verificador independente.

[144] Para esta classificação, foram considerados termos como "auxiliar o poder concedente", "acompanhar", entre outros, que denotam caráter não vinculante. O rol final contou com 41 projetos em que foi possível identificar previsões desse tipo.

Nos relatórios periódicos de avaliação de desempenho, notou-se um rito mais automático de aplicação do juízo feito pelos verificadores – passíveis de posterior questionamento. São comuns as disposições que estabelecem que os verificadores calculam eventuais descontos na remuneração dos parceiros privados em função de descumprimento de indicadores e esses descontos são praticados no mês correspondente. Se houver, entretanto, questionamento em relação ao desconto praticado, este poderá ser feito no âmbito de um processo de contraditório simplificado e expedito.

O exemplo da recente PPP de esgotamento sanitário do Estado do Ceará[145] ilustra essa atuação do verificador independente como a figura competente para dar a palavra final (sobre o tema do cumprimento de indicadores) nos casos de inércia ou omissão do Poder Concedente:

> 24.6.4. No caso de inércia da CONCESSIONÁRIA e do PODER CONCEDENTE, no prazo assinalado na subcláusula 24.6.3, em se manifestar a respeito dos relatórios apresentados pelo VERIFICADOR INDEPENDENTE, o seu conteúdo será considerado aceito por quem não se manifestou, inclusive para fins de cálculo das penalidades e dos redutores considerados para o cálculo da CONTRAPRESTAÇÃO MENSAL, os quais incidirão na forma do ANEXO III – INDICADORES DE DESEMPENHO E METAS DE ATENDIMENTO deste CONTRATO e da Cláusula 25.
>
> 24.6.5. Caso haja discordância por parte da CONCESSIONÁRIA e/ou PODER CONCEDENTE em relação ao relatório apresentado pelo VERIFICADOR INDEPENDENTE, será assinalado o prazo adicional de 5 (cinco) dias para a manifestação do VERIFICADOR INDEPENDENTE a respeito das objeções apresentadas.

A concessão de saneamento para a prestação regionalizada no estado de Sergipe contém disposição similar:[146]

> 25.6.12. No caso de inércia por parte da AGÊNCIA REGULADORA em se manifestar a respeito dos relatórios apresentados pelo VERIFICADOR

---

[145] CEARÁ. *Minuta do contrato, Anexo I.* Ceará, 15 de dezembro de 2021, p. 62. Disponível em: https://www.cagece.com.br/wp-content/uploads/PDF/Universaliza%C3%A7%C3%A3o/ContratoeAnexo/CP-2.-MINUTA-DO-CONTRATO.pdf. Acesso em: 24 out. 2024.

[146] SERGIPE. *Minuta de contrato.* Concessão da prestação regionalizada dos serviços públicos de abastecimento de água e esgotamento sanitário da microrregião de água e esgoto de Sergipe – Maes, instituída pela Lei Complementar Estadual nº 398, de 29 de dezembro de 2023. Sergipe, p. 68, 12 jan. 2024. Disponível em: https://desenvolve.se.gov.br/wp-content/uploads/2024/01/Contrato-de-Concessao-1.pdf. Acesso em: 1º out. 2024.

INDEPENDENTE ou das divergências apresentadas pelas PARTES, o conteúdo dos relatórios do VERIFICADOR INDEPENDENTE será implementado após o transcurso dos prazos previstos nas Cláusulas 25.6.4 e 25.6.10, inclusive para fins de cálculo de eventuais penalidades e dos redutores a 69 serem considerados para o cálculo das TARIFAS EFETIVAS.

Considerando um contexto de eventual paralisia decisória[147] parece interessante uma disposição como essa. O ideal seria haver um verificador independente que atuasse para respaldar o tomador de decisão, evitando o problema do "apagão das canetas". Ele seria como um parecerista externo, que dividiria ou mitigaria os riscos envolvidos em alguma decisão. Seria um instrumento a serviço da motivação dos atos – esta sim, inclusive de acordo com a LINDB, protege o gestor bem-intencionado, quando suas decisões são embasadas em pareceres que apoiam ou justificam tecnicamente a orientação.

Infelizmente, entretanto, não é incomum haver paralisia administrativa. Em face disso, permitir que a inércia do gestor ou da agência seja suprida pelo olhar tecnicamente adequado do verificador pode servir para conferir celeridade aos contratos e evitar que entrem em situação de estresse. Isso não quer dizer que a visão do verificador independente deva ser incondicional e que seja definitiva. Logicamente, caberia às partes contratantes apresentar questionamentos em um processo de contraditório.

A possibilidade de o verificador emitir relatórios e pareceres vinculantes, todavia, ainda é exceção, conforme demonstrou a amostra pesquisada. Quando o verificador independente ganha competências mais alargadas, sua atuação se assemelha mesmo à de um recurso para conferir apoio na tramitação e na elaboração de fundamentações que servirão para a derradeira tomada de decisão. Não é o verificador quem toma a decisão, mas ele a fundamenta.

Mesmo que não tenham força vinculante, as orientações do verificador podem ser utilizadas como instrumento para conferir força argumentativa e juízo técnico no processo de tomada de decisão. Podem, também, ser invocadas pela parte que eventualmente divirja de uma decisão tomada sem observância do conteúdo delineado no parecer do verificador.

---

[147] Veja-se mais sobre o assunto em: JORDÃO, E. *et al*. *Agências Reguladoras Estaduais*: pesquisa empírica sobre sua maturidade institucional. São Paulo: Juspodivm, 2024.

Interessante notar que o caso destacado da concessão das linhas 8 e 9, embora muito particular – em comparação com a amostra de pesquisa e também com os demais contratos de concessão comum do mesmo Estado de São Paulo –, relacionou as competências do VI à não existência de uma agência reguladora, que, no momento da assinatura do contrato da concessão, pudesse ficar incumbida das atividades de fiscalização e regulação. Ainda estabeleceu que, uma vez criada a agência, as atividades do VI teriam caráter de subsídio técnico à tomada de decisão pela agência. Esse contrato de concessão traduziu uma associação expressa entre as atividades de verificação e aquelas que seriam desempenhadas por uma agência, caso ela existisse.

Outra particularidade do caso do estado de São Paulo é que, nos contratos de concessão rodoviária, que são regulados pela ARTESP (Agência de Transportes Delegados do Estado), não há previsão de verificação independente. Em nenhuma das concessões – nem mesmo a PPP da Rodovia dos Tamoios[148] e a PPP do Lote Litoral[149] – os contratos de concessão rodoviária da ARTESP trazem disposições sobre verificação independente. É curioso, entretanto, que em alguns outros contratos de concessão gestados no âmbito da mesma agência, haja, sim, previsão sobre a figura do certificador independente.

Em contraste, jurisdições que contam com agências regulatórias adotam, também, contratos com verificadores independentes. Os casos de Mato Grosso, Mato Grosso do Sul e Rio de Janeiro são boas ilustrações.

Em Mato Grosso, os contratos de concessão rodoviária, por exemplo, são regulados pela AGER-MT,[150] mas contam com o apoio de verificadores independentes para:

---

[148] SÃO PAULO (Estado). Secretaria de Parcerias em Investimentos. *Concorrência Pública nº 01/2014*. Rodovia dos Tamoios e Contornos. Disponível em: https://www.parceriaseminvestimentos.sp.gov.br/projeto-qualificado/rodovia-dos-tamoios-e-contornos/. Acesso em: 28 out. 2024.

[149] SÃO PAULO (Estado). Secretaria de Parcerias em Investimentos. *Concorrência Pública nº 01/2023*. Lote Litoral Paulista. Disponível em: https://www.parceriaseminvestimentos.sp.gov.br/projeto-qualificado/lote-litoral-paulista/. Acesso em: 28 out. 2024.

[150] As competências da AGER/MT estão disciplinadas na Lei Estadual nº 429, de 21 de julho de 2011. Em síntese, preceitua em seu artigo 3º: "Compete à AGER/MT regular, normatizar, controlar e fiscalizar, nos limites da lei, os serviços públicos e suas respectivas tarifas, prestados diretamente pelo Estado de Mato Grosso ou prestados indiretamente por meio de delegação à iniciativa privada por meio de concessão, permissão ou autorização, referentes a: (Nova redação dada ao *caput* pela LC 685/2021)
I - saneamento;
II - rodovias;

(i) avaliar o desempenho da concessionária mensalmente, permitindo à AGER monitorar a qualidade dos serviços prestados, mensurar o valor da tarifa e, quando cabível, aplicar as sanções pertinentes;
(ii) realizar cálculos de atualizações monetárias da tarifa básica de pedágio, verificando a consistência e aplicando fatores IQD e DA;
(iii) auxílio na avaliação da qualidade dos serviços
(iv) participação na realização de vistorias
(v) análise de projetos de engenharia
(vi) apoio na fiscalização do contrato
(vii) análise de demais relatórios e informações financeiras e contábeis da concessionária
(viii) mensuração de indicadores de desempenho e para a realização de outras atividades correlatas.

Mato Grosso é um caso interessante no que diz respeito à vinculação das orientações dos verificadores independentes. Os contratos em vigor expressam as já citadas atribuições aos VIs, mas, no segundo semestre de 2024, o estado tornou públicos – por meio de consultas e audiências – os documentos da sua 5ª rodada de concessões rodoviárias,[151] em que se pôde constatar que os contratos (ainda não assinados) previam um regramento bastante inovador e diverso daquele encontrado na maioria de projetos analisados. Alguns dos dispositivos que chamam mais a atenção são abaixo transcritos:[152]

III - portos e hidrovias;
IV - transporte coletivo intermunicipal de passageiros e seus terminais rodoviários;
V - distribuição de gás canalizado;
VI - energia elétrica;
VII - telecomunicações.
VIII - transporte ferroviário de bens e passageiros. (Acrescentado pela LC 685/2021)
Parágrafo único. A AGER/MT atuará na regulação, controle e fiscalização de serviços públicos de competência própria da União e dos Municípios que lhe sejam delegados mediante legislação específica ou convênio". In: MATO GROSSO. *Lei Complementar nº 429, de 21 de julho de 2011.* Dispõe sobre a organização, estrutura e competências da Agência de Regulação dos Serviços Públicos Delegados do Estado de Mato Grosso e dá outras providências. Disponível em: https://legislacao.mt.gov.br/mt/lei-complementar-n-429-2011-mato-grosso-dispoe-sobre-a-organizacao-estrutura-e-competencias-da-agencia-de-regulacao-dos-servicos-publicos-delegados-do-estado-de-mato-grosso-e-da-outras-providencias. Acesso em: 24 nov. 2024.

[151] BRASIL. Ministério dos Transportes. *Estudos e documentos – 5ª rodada.* 2022. Disponível em: https://www.gov.br/transportes/pt-br/assuntos/concessoes/concessoes-aeroportuarias-antigo/evtea-5a-rodada. Acesso em: 2 out. 2024.

[152] MATO GROSSO. Secretaria de Estado de Infraestrutura e Logística (SINFRA). *5ª rodada de concessões rodoviárias.* Disponível em: https://concessao.sinfra.mt.gov.br/. Acesso em: 28 out. 2024.

12.6. Mesmo não havendo objeção pelo PODER CONCEDENTE dentro do prazo assinalado, se houver manifestação do VERIFICADOR INDEPENDENTE indicando pontos de correção ao projeto básico ou ao projeto executivo, a CONCESSIONÁRIA não poderá iniciar a obra ou serviço de que trata o projeto sem atender previamente aos pontos de correção indicados pelo VERIFICADOR INDEPENDENTE, podendo tal manifestação ser tomada como um aceite condicionado.

12.7. Na hipótese de o PODER CONCEDENTE não se manifestar no prazo assinalado, porém o VERIFICADOR INDEPENDENTE recomendar expressamente a não aceitação do projeto básico ou do projeto executivo, este será considerado como objetado e não estará autorizado o seu prosseguimento até que sobrevenha nova análise.

[...]

13.6.1.1. As propostas de ajustes às bases de CAPEX deverão ser acompanhadas de justificativas técnicas e financeiras para cada alteração proposta, bem como deverão ser submetidas à análise do PODER CONCEDENTE e do **VERIFICADOR INDEPENDENTE, que emitirão pareceres técnicos sobre a viabilidade das alterações propostas.** (Grifos meus)

Não somente as orientações do verificador poderiam ganhar caráter vinculante nas hipóteses relacionadas à revisão do plano de investimentos pela concessionária como também ele teria voz ativa em outros tantos temas, entre os quais o plano de adaptação climática, e nas inovações testadas no âmbito de ambientes experimentais (*sandbox* contratual e regulatório).[153]

---

[153] "14.1.4.2. O Plano de Adaptação Climática e Mitigação de Desastres deve ser revisado e atualizado anualmente ou em período inferior, quando solicitado pelo PODER CONCEDENTE, por si ou por sugestão da AGÊNCIA REGULADORA ou do VERIFICADOR INDEPENDENTE, para incorporar avanços tecnológicos e novos dados climáticos, inclusive aqueles referentes a eventos climáticos extremos recém ocorridos ou que estejam prestes a ocorrer, quando essa informação estiver disponível. [...]15.5. O descumprimento das obrigações previstas nas cláusulas 15.2, 15.3 e 15.4 sujeita a CONCESSIONÁRIA às penalidades contratuais, conforme o ANEXO 14. 15.6. O cumprimento das cláusulas 15.2, 15.3 e 15.4 será detalhado em RELATÓRIO DE ACOMPANHAMENTO DAS PRÁTICAS ESG, a ser realizado anualmente pela CONCESSIONÁRIA e apreciado pelo VERIFICADOR INDEPENDENTE. [...] 39. Ambiente Contratual Experimental (Sandbox Contratual) 39.4. Apresentação: Qualquer uma das PARTES poderá propor o início do Sandbox Contratual, mediante a apresentação de novos processos, procedimentos, serviços, produtos, inovações ou simplificações 39.6. Análise: Qualquer que seja a PARTE Postulante, deverão ser ouvidos a AGÊNCIA REGULADORA e o VERIFICADOR INDEPENDENTE, que terão o prazo de 30 (trinta) dias corridos, contados do recebimento, para manifestação. 39.7.10. O Período Experimental pode ser prorrogado por 12 (doze) meses, conforme decisão justificada do PODER CONCEDENTE, ouvida a Comissão e o VERIFICADOR INDEPENDENTE, desde que a proposta de prorrogação seja feita pelo menos 60 (sessenta) dias antes do término do prazo original. 39.8.1. Durante o período de

Os contratos de PPPs de Mato Grosso do Sul, por sua vez, contam com participação ativa de verificadores independentes com atuação diversa. Mas a agência, no caso, é a entidade responsável por processar o credenciamento das empresas aptas a se tornarem VIs (conforme já se referiu).[154]

No Rio de Janeiro, por sua vez, o contrato de concessão dos serviços de água e esgoto para os municípios, que eram anteriormente operados pela CEDAE, pode ser usado como exemplo da relação entre a AGENERSA e o verificador independente contratado. O verificador independente, contratado pelo estado, não somente apoia a mensuração do desempenho dos concessionários privados, mas também exerce outras atividades de apoio à agência e ao Poder Concedente.[155]

---

vigência do ambiente contratual experimental, as PARTES, a AGÊNCIA REGULADORA e o VERIFICADOR INDEPENDENTE se comprometem a acompanhar regularmente o progresso e os resultados das inovações testadas, cabendo à Comissão reportar as informações pertinentes, a fim de garantir o alcance dos objetivos estabelecidos". *In*: MATO GROSSO. Secretaria de Estado de Infraestrutura e Logística (SINFRA). *5ª rodada de concessões rodoviárias*. Disponível em: https://concessao.sinfra.mt.gov.br/. Acesso em: 28 out. 2024.

[154] Por exemplo, em Mato Grosso do Sul, a já citada Concorrência Pública nº 01/2021 para contratação de uma PPP de Infovia Digital continha em seus documentos a indicação de que o verificador independente deveria realizar uma série de atividades para apoiar as tomadas de decisão pela AGEMS e também para o próprio Poder Concedente. Entre as atividades, estão elencadas as seguintes: avaliação da conformidade contratual do Plano de Implantação de Infraestrutura e do Cronograma Físico-Executivo, a serem apresentados pela concessionária como condições para a Ordem de Início dos Serviços; Avaliação da conformidade contratual do Plano de Ativação dos Serviços; Avaliação dos projetos de engenharia para implantação da infraestrutura; Avaliação da conformidade contratual da ativação dos serviços em cada Município; Aferição dos indicadores de desempenho; Acompanhamento e comunicação ao Poder Concedente sobre o compartilhamento de Receitas Acessórias; Cálculo da contraprestação mensal; Atuação em conjunto com o Poder Concedente e com a SPE para a elaboração do Termo de Entrega de Bens Reversíveis; Acompanhamento anual do inventário dos bens reversíveis e vinculados apresentados pela SPE e, ao final do contrato, emitir parecer sobre o estado de conservação dos Bens Reversíveis e acompanhar o processo de reversão ao Poder Concedente; Atuação em conjunto com o Poder Concedente e a SPE nos pleitos para recomposição do equilíbrio econômico-financeiro do Contrato; Atuação em conjunto com o Poder Concedente e a SPE na atualização do sistema de medição dos indicadores de desempenho; Desenvolvimento de solução de *software* para coleta, arquivo e disponibilização de dados e informações referentes aos indicadores de desempenho; Avaliação dos contratos celebrados entre a SPE e qualquer pessoa jurídica da qual esta seja sócia, acionista, controlada ou controladora, coligada ou que estejam sob o mesmo controle e/ou possua sócios em comum; Outras atribuições previstas no Contrato e em seus Anexos. *In*: MATO GROSSO DO SUL. *Concorrência Pública nº 01/2021*. Disponível em https://www.epe.segov.ms.gov.br/contrato-ppp-infovia-digital/. Acesso em: 24 out. 2024.

[155] BNDES. Hub de Projetos. Rio de Janeiro. Saneamento. *Concorrência internacional nº 01/2020*. Concessão comum em distribuição de água e em esgotamento sanitário em 35 municípios do Estado do Rio de Janeiro, divididos em 4 blocos. A licitação dos blocos ocorreu em abril de 2021, tendo os blocos 1, 2, 4 recebido propostas, mas o bloco 3

O edital de concorrência internacional 01/2020 para a concessão da prestação regionalizada dos serviços públicos de fornecimento de água e esgoto sanitário e dos serviços complementares dos municípios do Rio de Janeiro traz as seguintes competências para o verificador independente:

- Apoiar a aferição dos Indicadores de Desempenho e metas de atendimento
- Elaborar atos instrumentais de apoio à Agência Reguladora, tendo seu relatório e manifestações avaliados, revisados e homologados pela Agência
- Elaborar relatório anual contendo a mensuração de desempenho e cumprimento das metas de atendimento e os indicadores de desempenho. Sendo que este relatório subsidia a deliberação da Agência quanto à incidência dos indicadores sobre a tarifa.
- Acompanhar permanentemente a execução dos serviços
- Apoiar o processo administrativo, conduzido pela Agência, para o reajuste das tarifas e cálculos das tarifas efetivas
- Subsidiar a Agência no relatório de levantamentos e avaliações necessárias à determinação do montante de indenização eventualmente devido à concessionária, nos últimos 12 meses que antecederem o termo final do contrato
- Auxiliar a Agência Reguladora na fiscalização do contrato durante todas as suas etapas, competindo-lhe fazer o levantamento de informações e dados necessários à fiscalização do contrato.[156]

---

restou deserto. Disponível em: Rio-de-Janeiro-Saneamento – Saneamento BNDES Hub de Projetos. Acesso em: 27 out. 2024.

[156] No contexto do referido projeto há, ainda, uma diferenciação de etapas e, respectivamente, da definição do escopo de atuação do VI em cada uma delas: 1º PLANEJAMENTO: etapa inicial dos trabalhos com o objetivo de estruturar as bases do projeto, estabelecer as diretrizes para a execução dos serviços, equalizar conceitos e práticas, além de promover total integração entre as equipes de trabalho da AGÊNCIA REGULADORA. 2ª ESTRUTURAÇÃO: serviços que exigem intenso esforço no início do CONTRATO e, uma vez estruturados, demandam esforços mais pontuais para manutenção da sua funcionalidade, tais como: - I. Análise de sistemas de coleta e cálculos dos INDICADORES DE DESEMPENHO; e - II. Elaboração de mapeamento funcional dos sistemas de desempenho; 3ª GESTÃO: serviços que compõem as atividades de gerenciamento da rotina do CONTRATO e que serão executados durante todo o período de contratação, tais como: - I. Apoio à AGÊNCIA REGULADORA na fiscalização das atividades da CONCESSIONÁRIA no cumprimento das cláusulas e itens do CONTRATO; - II. Acompanhamento do desempenho da CONCESSIONÁRIA em relação às obrigações, indicadores e metas definidos para cada item nos termos do ANEXO III – INDICADORES DE DESEMPENHO E METAS DE ATENDIMENTO e da cláusula 26 do CONTRATO; - III. Elaboração e disponibilização de relatórios de verificação sobre os relatórios de cumprimento

Nos casos desses três estados, trazidos como ilustrações, há agências constituídas, com poderes regulatórios que alcançam as concessões e, mesmo assim, optou-se por contar com verificadores contratados (tanto pelo Poder Concedente quanto pelas concessionárias).

O resultado do levantamento da amostra pesquisada pode indicar que os verificadores independentes têm sido contratados também para apoiar as agências e o Poder Concedente na fundamentação de decisões importantes para a dinâmica contratual. A presença de verificadores não parece significar o esvaziamento da atividade regulatória ou fiscalizatória.

O que parece, sim, é que esses atores podem agregar conhecimento técnico para o atendimento de demandas – muitas vezes complexas – que se apresentam ao longo da gestão do contrato de concessão. Seu papel vai além de trazer conhecimento especializado, estendendo-se, em especial, à atuação na elaboração de documentos que registram os trâmites observados, os racionais fundamentados e os relatos necessários para tornar mais transparente uma decisão eventualmente tomada.

Em alguns casos – mais raros ainda –, há tentativas de conceder aos verificadores independentes poderes para tomada de decisão sobre alguns temas (ainda restritos). Talvez isso decorra de eventual percepção de que as agências e os Poderes Concedentes podem "decidir por não decidir" ou ter dificuldades na tomada de decisão.

Não somente a omissão, mas também a demora para a definição de temas relacionados à gestão de PPPs (como as revisões e desequilíbrios econômico-financeiros) podem representar fatores de insegurança ao investimento/investidor. O fenômeno, apelidado de "apagão das canetas", pode, eventualmente, justificar disposições que atribuam algum poder decisório para os verificadores.

3.8. Prazo dos contratos de verificação independente

Outro tema importante que foi extraído da pesquisa empírica realizada diz respeito ao prazo de duração dos contratos de verificação. A maioria dos contratos analisados (51,2%), entre aqueles em que

---

dos INDICADORES DE DESEMPENHO elaborados pela CONCESSIONÁRIA, na periodicidade e nos prazos indicados na cláusula 26 do CONTRATO. *In:* BNDES. Hub de Projetos. Rio de Janeiro. Saneamento. *Concorrência internacional nº 01/2020, cit.*

foi possível identificar o prazo de contratação do VI,[157] previu que os contratos celebrados com os verificadores teriam vigência de cinco anos.[158] E por que esse ponto é interessante? É que, embora as PPPs sejam contratos de longo prazo, a figura que deve ser contratada para apoiar as partes em temáticas relacionadas – pelo menos – à remuneração do privado atua no contrato por um prazo muito menor.

Dessa forma, perde-se a oportunidade de contar com uma equipe de especialistas técnicos que já se tenha familiarizado com a dinâmica do contrato da PPP e que já atue em benefício do projeto por um período mais extenso. Por conhecerem a dinâmica do contrato e terem acompanhado as diversas fases da PPP, esses atores, que compõem o time da pessoa jurídica verificadora, teriam melhores condições de trazer elementos e racionais históricos para apoiar a tomada de decisão pelas partes.

A mudança de verificadores independentes com alguma frequência – em uma PPP de 30 anos, os verificadores seriam trocados ao menos seis vezes – pode acarretar custos transacionais elevados para as partes. A troca de verificador tende a ocasionar lacunas informacionais, descontinuidade da cadência das atividades das partes e turbulências no processo de adaptação de um novo ator, que, em princípio, não conhece o contrato tão bem quanto as partes e quanto o verificador anterior, o que poderá demandar tempo para realizar a apropriação necessária dos conceitos importantes da PPP.

Atualmente há sistemas digitais informatizáveis que são desenvolvidos pelos verificadores para realizar o monitoramento da *performance* da concessionária. Geralmente, esses sistemas são personalizados e acessados de maneira tripartite (estado, concessionária e verificador). Uma eventual substituição do verificador deve levar em consideração o regramento apropriado para permitir a aferição do desempenho da concessionária e demais atividades de verificação, mesmo que haja a substituição do sistema do VI anterior.[159]

---

[157] Essa seleção se baseou no rol de 43 (quarenta e três) projetos, dentro os 110 (cento e sete) que previram a contratação de VI, em que foi possível identificar o prazo de contratação do primeiro verificador do projeto.

[158] Ainda que um percentual pouco representativo das PPPs analisadas estabeleça prazos diferentes dos cinco anos, nenhum dos contratos previu a possibilidade de VIs poderem ser contratados por mais do que cinco anos e poucos/nenhum previram a possibilidade de renovação automática dos contratos do VI. Os contratos que preveem a contratação de VIs por um ou dois anos parecem destoar da realidade da atividade de verificação.

[159] Há contratos mais recentes, como o dos Terminais de Ônibus do Sistema de Transporte Coletivo da Região Metropolitana de Recife (2021), que dispõem que os sistemas

Ainda, os contratos de PPP sofrem com as mudanças dos ciclos políticos. Ter um VI por um prazo maior de tempo poderia suavizar os impactos das trocas de governo. As transições políticas costumam geram solavancos nas PPPs. Nem sempre o governante que entra aceita naturalmente o legado do governante que sai.¹⁶⁰ Se o verificador independente for um ator que permanece no contrato a despeito das trocas de governos, a percepção de risco da descontinuidade poderá

---

desenvolvidos pelo verificador deverão alimentar os sistemas da própria concessionária e do Poder Concedente (quando os há). Há até mesmo contratos que definem que a concessionária será responsável por desenvolver e auferir dados que podem afetar o seu próprio desempenho, cabendo ao VI receber as informações e realizar checagens por amostragem. Sobre o contrato dos Terminais de Ônibus, o verificador tinha as seguintes atribuições de destaque: "[...]; iii. Definir as fontes dos dados que irão compor os indicadores de desempenho da Concessão; iv. Realizar a avaliação de desempenho e o cálculo da variação da Contraprestação; v. avaliar o equilíbrio econômico-financeiro do Contrato e revisar o fluxo de caixa marginal, quando solicitado pelo Poder Concedente; vi. Realizar o cálculo dos reajustes de valores previstos no Contrato; vii. Verificar custos/despesas e receitas; viii. Apurar o valor das receitas extraordinárias a serem repassadas ao PODER CONCEDENTE; ix. Apurar a demanda de passageiros para fins de compartilhamento com o PODER CONCEDENTE; x. Controlar os bens reversíveis; xi. Analisar os Sistemas de Comercialização, de Bilhetagem, se houver, e de Liquidação implantados pela Concessionária; xii. Avaliar periodicamente os registros das informações geradas pela CONCESSIONÁRIA relativas à comercialização, custódia, liquidação, distribuição e "clearing"; xiii. Avaliar o déficit ou superávit do SISTEMA DE LIQUIDAÇÃO, calculado pela Concessionária; xiv. Monitorar os resultados da execução da concessão e validar os dados obtidos; a atividade de monitoramento deverá produzir ativo substancial para a melhoria dos processos de aferição; xv. Disponibilizar sistema web, contendo o resultado dos indicadores de desempenho, para acesso remoto do VERIFICADOR INDEPENDENTE, PODER CONCEDENTE e CONCESSIONÁRIA, com interface amigável e customizada; xvi. Efetuar a Pesquisa de Satisfação do Usuário semestralmente; xvii.Validar todos os dados técnicos e econômico-financeiros dos pedidos de revisão ordinária e extraordinária; xviii. Analisar o cenário que originou a reivindicação frente aos termos contratuais que se aplicam ao pleito, gerando, ao final, um parecer técnico; xix. Recomendar os parâmetros para a recomposição econômico-financeira do contrato, ou para ajuste no valor da contraprestação, consolidando os resultados de suas análises em relatório técnico-financeiro [...]". PERNAMBUCO. *Contrato nº 015/2021.* Disponível em: https://drive.expresso.pe.gov.br/s/rMiFj0miXAei0LU?path=%2F04-For maliza%C3%A7%C3%A3o%20contratual#pdfviewer. Acesso em: 28 out. 2024. Também merecem destaque as disposições sobre o VI do aeroporto de Parnaíba (Piauí), em que o verificador deveria "propor melhorias no sistema de mediação, buscando geração de eficiência ou economia financeira para as partes envolvidas no CONTRATO, incluindo desenvolvimento de desenho de processos, diagnóstico da execução do CONTRATO e proposição de soluções de tecnologia da informação para melhor gestão contratual". *In:* PIAUÍ. *Contrato nº 01/2022.* Disponível em: http://www.ppp.pi.gov.br/pppteste/wp-content/uploads/2022/02/ASSINADO_CONTRATO_AEROPORTO_PHB.pdf. Acesso em: 18 out. 2024.

¹⁶⁰ Veja-se um pouco mais sobre o tema em: DIETERICH BOPP, F. *Mitigação de risco para projetos de parcerias público-privadas no Brasil:* a estruturação de garantias públicas. [s.l.]: Inter-American Development Bank, 2017. Disponível em: https://publications.iadb.org/pt/mitigacao-de-risco-para-projetos-de-parcerias-publico-privadas-no-brasil-estruturacao-de-garantias. Acesso em: 24 nov. 2024.

ser menor, já que esse ator pode zelar para que as informações importantes da PPP não se percam. E não somente isso: sua permanência é importante para que a mensuração do desempenho da concessionária continue sendo realizada, mesmo durante a fase em que o novo governo estiver se estruturando. Seria como uma camada adicional de garantia (que protege, mas, naturalmente, não blinda contra todos os riscos) para que haja a continuidade do projeto – sem frustração da remuneração da concessionária e sem frustração da prestação do serviço adequado.

Ao mesmo tempo, se há uma preocupação quanto ao risco de captura do verificador independente, a troca desse ator, de tempos em tempos, pode ser benéfica ao contrato. Da mesma forma como acontece com os mandatos nas agências reguladoras, a alternância de verificadores pode contribuir para preservar a equidistância e a independência desses atores.

A alternância pode, também, trazer um olhar "não viciado" sobre temas que, eventualmente, tenham passado sem o devido tratamento nos anos anteriores. Pode, ainda, trazer incentivos para a constante qualificação do verificador – já que a escolha do novo ator dependerá, também, de algum processo competitivo que justificará a substituição.

Os contratos de verificação, embora não sejam, necessariamente, celebrados por meio de regime de direito público, seguiram uma lógica que parece ter sido absorvida da Lei nº 8.666/93 (antiga Lei de Licitações) quanto ao limite de prazo. Vale mencionar que o TCU estabeleceu esse prazo como recomendável em seu posicionamento mais recente sobre o tema. A única justificativa apresentada refere-se ao prazo estabelecido na Lei de Licitações, que, conforme já se expressou, não se aplica exatamente à contratação de verificadores (em especial na hipótese de serem contratados pela concessionária). Não há, entretanto, outra justificativa apresentada pelo TCU para a definição desse prazo.

3.9. Conflito de interesses

Um dos temas mais relevantes a serem tratados a partir da análise dos dados obtidos diz respeito às ferramentas que foram estabelecidas para evitar possíveis conflitos de interesses na relação com os verificadores independentes. Tanto os contratos quanto os normativos regulamentares expressaram disposições que se dedicaram a cuidar desse assunto.

A razão disso é que os manuais, a doutrina e até mesmo os julgados analisados definem o verificador independente como um ator que deve manter total independência e imparcialidade em relação às partes envolvidas. Em outras palavras, a principal característica desse terceiro, que fundamenta sua atuação no contexto do projeto concessório, é a sua postura de neutralidade. A própria questão da responsabilidade pela sua contratação e pelo seu pagamento, examinada anteriormente, está diretamente vinculada à necessidade de preservação da neutralidade e ao risco de captura dele pela parte que arca com sua remuneração.

É claro que sustentar essa neutralidade, na prática, não é trivial. O próprio Tribunal de Contas da União, em algum momento de sua história, em posição expressa no Acórdão nº 2.472/2020 (mas já superada), mencionou a necessidade de repensar a denominação do "verificador independente" em contratos de concessão, destacando que o termo "independente" pode carregar uma conotação imprópria.

Embora o TCU tenha manifestado posicionamentos recentes divergentes, esse entendimento pôde ser observado também nos acórdãos já mencionados dos TCEs de MT e de RJ,[161] os quais repetiram a tese de eventual conflito de interesses na contratação de um terceiro, remunerado pela própria concessionária, para auxiliar na fiscalização e aferição de seu desempenho. Um exemplo dessas considerações pode ser consultado abaixo conforme exposto no Acórdão nº 4.037/2020 do TCU:

[...]

Primeiramente, é preciso destacar que, sendo o avaliador contratado e remunerado pela concessionária, pouco se pode esperar dele em termos de independência em relação ao conteúdo de seus pareceres, já que uma posição eventualmente divergente dos interesses da concessionária pode fazer com que seu contrato seja rescindido, o que prejudicaria os interesses empresariais do avaliador, como agente privado. **Existe, portanto, uma contradição intrínseca à atuação desse relator, concebido para atuar em favor da Agência, porém economicamente dependente do parceiro privado** por ele fiscalizado, situação que tende a impedir uma atuação profissional efetivamente independente.[162] (Grifos meus)

---

[161] MATO GROSSO. TCE/MT. *Representação Externa nº 59.494-6/2021*. Relator: SÉRGIO RICARDO DE ALMEIDA. Data de Julgamento: 11/4/2023. Decisão singular julgada procedente. Data de Publicação: 12/4/2023). O caso fluminense é o seguinte: RIO DE JANEIRO. Tribunal de Contas do Estado. *Processo nº 218.242-8/24* (TCE/RJ[1]). Petição de Representação do CAD Desestatização. Relator: Conselheiro Marcelo Verdini Maia. Rio de Janeiro RJ, Sessão 13/6/2024. Disponível em: https://www.tcerj.tc.br/consulta-processo/Pesquisa/IndexServico?Tipo=representacao&NumeroProcesso=218242&AnoProcesso=&Orgao=&Interessado=&Assunto=&idEsfera=0. Acesso em: 28 jun. 2024.

[162] BRASIL. Tribunal de Contas da União. *Acórdão nº 4.037/2020* – Plenário. Relator: Benjamin Zymler. Processo nº 018.901/2020-4. Data da sessão: 8 de dezembro de 2020. Disponível em: https://pesquisa.apps.tcu.gov.br/. Acesso em: 23 out. 2024.

Como se verifica no trecho acima transcrito do Acórdão nº 4.037/2020, uma das principais questões levantadas pelo TCU foi o fato de o "relator independente" (termo utilizado para designar o verificador independente no documento em análise) ser um avaliador contratado e remunerado pela concessionária, o que poderia comprometer sua independência. Isso levou o TCU, na época, a recomendar que a agência (ANTT) assumisse diretamente a responsabilidade pela contratação das atividades de monitoramento.

Ademais, a decisão destacou que o papel do "relator independente", à vista das disposições da minuta do contrato de concessão analisada, ia muito além das funções de monitoramento, englobando também o exercício de atribuições fundamentais aos interesses da concessionária. Entre essas atribuições, destacavam-se atividades relacionadas ao início da cobrança de pedágio, à conclusão das obras, às certificações previstas para o projeto e, inclusive, ao estabelecimento da tarifa a ser praticada desde o início do contrato até sua extinção, além de outras questões envolvendo pedidos de reequilíbrio econômico-financeiro do contrato. Nessa linha, destacou o acórdão:

> Desse modo, **um agente em situação de eminente [sic] conflito de interesses (remunerado e pago pela concessionária)** passará a atuar não apenas no âmbito da monitoração, como também em questões fundamentais aos interesses de sua contratante, relacionadas ao início da cobrança de pedágio (conclusão dos trabalhos iniciais), na conclusão das obras, nas certificações do PER e no estabelecimento da tarifa que será praticada desde o início do contrato até a sua extinção (acréscimo de reequilíbrio e desconto de reequilíbrio. (Grifos meus)

Esse padrão sobre a temática do conflito de interesses desenhado pelo próprio TCU foi inicialmente replicado em decisões de outros Tribunais de Contas, como o de Mato Grosso[163] e, também, o do estado do Rio de Janeiro.[164] Esse entendimento contrário à contratação do

---

[163] MATO GROSSO. TCE/MT. *Representação Externa nº 59.494-6/2021*. Relator: SÉRGIO RICARDO DE ALMEIDA. Data de Julgamento: 11/4/2023. Decisão singular julgada procedente. Data de Publicação: 12/4/2023). A ação foi iniciada por questionamentos levantados pela empresa ERNST & YOUNG ASSESSORIA EMPRESARIAL LTDA.

[164] RIO DE JANEIRO. Tribunal de Contas do Estado. *Processo nº 218.242-8/24* (TCE/RJ[1]). Petição de Representação do CAD Desestatização. Relator: Conselheiro Marcelo Verdini Maia. Rio de Janeiro RJ, Sessão 13/6/2024. Disponível em: https://www.tcerj.tc.br/consultaprocesso/Pesquisa/IndexServico?Tipo=representacao&NumeroProcesso=218242&AnoProcesso=&Orgao=&Interessado=&Assunto=&idEsfera=0. Acesso em: 28 jun. 2024.

verificador independente diretamente pela concessionária, entretanto, como já exposto, não é mais acolhido nas decisões mais recentes do TCU.[165]

Em que pese essa evolução jurisprudencial, as preocupações quanto a um eventual conflito de interesses não foram completamente afastadas. Isso ocorre porque, nos acórdãos mais recentes, o TCU não só passou a admitir a contratação do verificador independente pelas concessionárias como também tem emitido diversas recomendações específicas para garantir que essa contratação seja realizada de forma adequada. Essas orientações visam a assegurar que, apesar de a contratação ser feita pela concessionária, a independência e a imparcialidade do verificador sejam preservadas. As recomendações que mais se destacam são as seguintes:

1. Estabelecer mecanismos para redução dos conflitos de interesses na contratação;

2. Adotar medidas efetivas para que os documentos elaborados pelo "Verificador Independente", acerca do cumprimento das obrigações da Concessionária, sejam validados por órgão técnico do Poder Concedente;

3. Prever ampla transparência nos pareceres emitidos pelo Verificador;

4. Estabelecer com clareza as condições de habilitação para atuação como "Verificador Independente" atentando ao princípio da isonomia e para a obediência a normas de *compliance*;

5. Prever expressamente que eventual comprovação de conluio com a concessionária importará em sanções administrativas e possíveis cominações cíveis e penais para a Concessionária e o "Verificador Independente";

6. Estabelecer normas no sentido de que apenas VIs credenciados pela agência reguladora podem ser contratados pela Concessionária, fixando requisitos rígidos de formação e capacidade, vedada a participação de entidades que já receberam punição pelo Poder Público.

O parâmetro estabelecido pelo TCU tem sido progressivamente adotado pelas agências reguladoras que lidam com a verificação

---

[165] Nos acórdãos nº 1.766/2021 e nº 1.769/2021, permitiu-se a contratação do verificador independente diretamente pela concessionária, desde que respeitadas determinadas condicionantes. Essa mesma linha de entendimento foi reiterada, logo depois, nos acórdãos nº 2.804/2021, 2.147/2022 e 2.534/2022. Com isso, o TCU consolidou o entendimento de que tal contratação não configura ilegalidade, desde que a imparcialidade do verificador seja devidamente assegurada.

independente, assim como pelos principais estruturadores de PPPs, como a Caixa e o BNDES, que têm incorporado diretrizes do tribunal para prevenir conflitos de interesses, seja por meio de regulamentos, seja por meio de cláusulas contratuais.

Esse fortalecimento do arcabouço regulatório voltado à prevenção de conflitos pode ser observado tanto nas normativas de agências, como a ANTT[166] e a AGEMS,[167] quanto nas cláusulas dos contratos de concessão utilizados como referência pelos estruturadores de PPPs, consolidando uma abordagem mais rigorosa para garantir a imparcialidade dos verificadores independentes.

Entre as disposições sobre "conflitos de interesses", duas em especial se destacam, a saber: (i) a exigência de comprovação da ausência de vínculo entre o verificador independente e a concessionária e (ii) a proibição de contratação, como verificadores, de empresas que tenham participado da estruturação ou modelagem dos projetos de PPP. Essas duas situações trazem reflexões importantes sobre a verificação.

Em relação ao primeiro aspecto, a pesquisa realizada revelou que alguns contratos impõem a proibição de qualquer vínculo entre o verificador independente e o grupo econômico da concessionária. No entanto, outros contratos adotam uma restrição mais branda, estabelecendo apenas que o verificador independente não pode ter relação comercial com a Sociedade de Propósito Específico (SPE) encarregada da concessão.

Um exemplo da adoção do entendimento mais amplo sobre a vedação pode ser observado na já citada Resolução nº 6.000 da ANTT, que especifica as atividades proibidas ao verificador independente no contexto dos contratos regulados por essa agência.

---

[166] A ANTT vem buscando estimular mecanismos consensuais de prevenção de conflitos de interesses. Nesse sentido, veja-se: BRASIL. Ministério dos Transportes. Agência Nacional de Transportes Terrestres (ANTT). *Resolução nº 6.040, de 4 de abril de 2024*. Altera a Resolução nº 5.845, de 14 de maio de 2019, que dispõe sobre as regras procedimentais para a autocomposição e a arbitragem no âmbito da ANTT, para incluir a previsão dos comitês de prevenção e solução de disputas. Disponível em: https://anttlegis.antt.gov.br/action/ActionDatalegis.php?acao=abrirTextoAto&link=S&tipo=RES&numeroAto=00006040&seqAto=000&valorAno=2024&orgao=DG/ANTT/MT&cod_modulo=161&cod_menu=7796. Acesso em: 28 out. 2024.

[167] MATO GROSSO DO SUL. *Portaria nº 175, de 4 de fevereiro de 2020*. Dispõe sobre a constituição da Comissão de Análise do Credenciamento de Verificador Independente, dos requisitos e do procedimento para credenciamento do Verificador Independente a ser contratado nas Concessões Comuns e Parcerias Público-Privadas realizadas no âmbito do Estado de Mato Grosso do Sul, e dá outras providências. Disponível em: https://www.agems.ms.gov.br/portaria-agepan-no-175-de-04-de-fevereiro-de-2020/ Acesso em: 28 out. 2024.

Art. 205. É vedado que:

I - o verificador, seus sócios, administradores, partes relacionadas e técnicos tenham vínculo de qualquer natureza com a concessionária ou suas partes relacionadas; e

II - o verificador esteja submetido à liquidação, intervenção ou ao regime de administração temporária, à falência ou à recuperação judicial.

Parágrafo único. Os responsáveis técnicos por obras e serviços realizados pela concessionária não poderão atuar na equipe dos verificadores. (Grifos meus)

Note-se que, conforme o art. 205 do regulamento da ANTT mencionado, é vedado ao verificador independente manter qualquer tipo de contrato não apenas com a SPE concessionária, mas também com empresas pertencentes ao grupo econômico da concessionária. Nessa mesma linha, alguns dos contratos mais recentes modelados pelo BNDES e pela Caixa também estabelecem que o verificador independente não pode ter relações concomitantes com a concessionária, seus acionistas ou suas partes relacionadas, *in verbis*:

3.4. Para fins de qualificação técnica, as pessoas jurídicas ou consórcios deverão, ainda:

i. demonstrar ser pessoa jurídica de direito privado que comprove total independência e imparcialidade face à CONCESSIONÁRIA e ao PODER CONCEDENTE; e

[...]

3.7. Não poderão ser contratadas como VERIFICADOR INDEPENDENTE as seguintes pessoas jurídicas ou consórcios, sem prejuízo de outras hipóteses previstas na legislação municipal:

[...]

vii. que prestem serviço de auditoria independente no CONTRATO ou prestem qualquer tipo de serviço à CONCESSIONÁRIA ou a seus acionistas;

viii. cujos sócios tenham participação direta ou indireta na administração ou no quadro societário da CONCESSIONÁRIA;

ix. que sejam PARTES RELACIONADAS com a CONCESSIONÁRIA ou de seus acionistas diretos ou indiretos; e

x. que, de alguma forma, possam ter sua independência e imparcialidade comprometidas em razão da existência de vínculo societário, comercial, de prestação de serviços, dentre outros, com a **CONCESSIONÁRIA, seus acionistas ou suas PARTES RELACIONADAS**.[168] (Grifos meus)

Por outro lado, em Mato Grosso do Sul, foi identificado um regramento mais flexível, com um tratamento distinto para possíveis conflitos de interesses dos verificadores independentes. A Portaria AGEPAN nº 175/2020, emitida pela Agência Estadual de Regulação de Serviços Públicos de Mato Grosso do Sul (antiga AGEPAN, agora AGEMS), ao definir os requisitos e o procedimento para o credenciamento do verificador independente nas concessões comuns e parcerias público-privadas no estado, estabeleceu um conjunto de restrições quanto às atividades que não podem ser realizadas pelo verificador.

> Art. 6º Não poderão ser contratadas como Verificador Independente as seguintes pessoas jurídicas:
> I. Cujos sócios tenham participação direta ou indireta na administração ou no quadro societário da Concessionária;
> II. Que sejam Controladora, Controlada ou coligada da Concessionária ou de seus acionistas diretos e/ou indiretos;
> III. <u>Que possuam contrato vigente com a Concessionária, ainda que com objeto diverso;</u> e
> IV. Que, de alguma forma, possam ter sua independência e imparcialidade comprometidas. (Grifos meus)

Diferentemente do regulamento adotado pela ANTT, a norma editada pela AGEMS não impede o verificador independente de atuar em outras atividades dentro do grupo empresarial da concessionária. A limitação se aplica exclusivamente à celebração de contratos com a própria Sociedade de Propósito Específico (SPE), mas não se estende às suas coligadas e controladoras.

A independência entre o VI e a SPE é essencial para preservar a integridade da atuação deste último e assegurar que as orientações do verificador sejam fundamentadas em critérios técnicos, livres de qualquer influência econômica ou institucional. A ideia de afastar por completo qualquer relação que possa existir entre a empresa verificadora e o grupo empresarial da concessionária visa a garantir que

---

[168] ERECHIM (RS). *Anexo 14 da Concessão Administrativa nº 01/2022*. Verificador Independente. Disponível em: https://www.pmerechim.rs.gov.br/uploads/paginas/406780413c61fa8ddf2cbf778e4c4d7a.pdf. Acesso em: 28 out. 2024.

não haja nenhuma influência, nesse sentido, sobre a atuação do VI. Mas exigir que a entidade a ser contratada como verificador independente não mantenha nenhum tipo de relação com o grupo econômico inteiro da concessionária pode, paradoxalmente, resultar em prejuízos para o próprio projeto.

Empresas que têm experiência prévia em setores correlatos ou em projetos semelhantes, mesmo dentro do mesmo grupo econômico, podem trazer um conhecimento técnico valioso e experiências que podem ser aplicadas para o benefício do interesse público. A exclusão completa de potenciais verificadores experientes apenas pelo fato de atuarem junto a outras concessões do mesmo conglomerado pode limitar o acesso a verificadores independentes altamente qualificados, que poderiam contribuir com análises mais precisas e detalhadas.

Essa questão se torna especialmente relevante quando consideramos que o mercado nacional de infraestrutura ainda é altamente concentrado nas mãos de um número limitado de grandes grupos econômicos. Criar uma restrição que impeça o verificador independente de ter qualquer tipo de relacionamento com todo o grupo econômico da concessionária pode limitar as opções de verificadores independentes qualificados disponíveis. Isso ocorre porque muitas das empresas mais experientes no setor acabam tendo vínculos com esses grandes grupos, que controlam uma parte significativa dos ativos de infraestrutura.[169]

Outro ponto a ser considerado é a abrangência da restrição aplicada exclusivamente às relações entre a concessionária e o verificador independente. É legítimo buscar garantir a imparcialidade do VI, buscando restringir quaisquer vínculos com a concessionária, para evitar potenciais influências que possam comprometer a fiscalização. No entanto, surge a questão: por que essa mesma restrição não é aplicada também ao Poder Concedente? Se o objetivo é preservar o equilíbrio e a equidade no processo, o verificador independente deveria, idealmente, manter a mesma distância das duas partes envolvidas no contrato.

---

[169] Por exemplo, o Grupo CCR detém 39 ativos de infraestrutura distribuídos em 13 estados brasileiros. Esse controle abrangente significa que, em muitos casos, as empresas mais qualificadas para atuar como verificador independente em projetos de concessão podem já ter algum tipo de relacionamento, direto ou indireto, com esses grandes grupos. Se adotarmos uma vedação ampla que proíba completamente qualquer ligação entre o verificador independente e o grupo econômico da concessionária, isso pode restringir excessivamente a escolha de profissionais ou empresas competentes e experientes, prejudicando a qualidade e a profundidade das verificações realizadas.

Na prática, porém, não se observa uma defesa tão enfática de restrições quanto aos vínculos entre o verificador independente e o Poder Concedente. Isso pode ser explicado, em parte, pelo fato de que tal limitação poderia reduzir significativamente o número de empresas qualificadas para desempenhar esse papel, impactando a competitividade e a disponibilidade de agentes adequados. Além disso, a experiência acumulada em projetos anteriores com entes públicos costuma ser valiosa para garantir verificações mais eficazes, trazendo conhecimentos técnicos relevantes que beneficiam o projeto e o interesse público.

Nesse sentido, em vez de proibir a contratação de um agente como verificador independente devido a eventuais relações contratuais pontuais que não interfiram diretamente no objeto específico da concessão, o foco deve estar no estabelecimento de regras claras de governança e na implementação de controles internos rigorosos. Essas medidas garantiriam a imparcialidade e a integridade do processo, sem restringir de forma desnecessária a escolha de verificadores qualificados e experientes.

Essa flexibilização, é claro, traz um risco potencial de influência indevida, que pode surgir de pressões das demais camadas societárias do grupo. Esse risco, porém, como já adiantado, poderia ser mitigado por meio da adoção de medidas preventivas, como a exigência de cláusulas de confidencialidade e de independência funcional, bem como a proibição de que os profissionais diretamente envolvidos no processo de verificação tenham qualquer tipo de vínculo pessoal ou profissional com as empresas coligadas ou controladoras da concessionária. Outro cuidado seria a implementação de robustos mecanismos de *compliance*, que garantam a transparência das relações entre o VI e qualquer entidade do grupo econômico, com relatórios regulares ao órgão regulador.

Portanto, enquanto a total vedação de relações entre o verificador independente e o grupo econômico pode ser contraproducente, um equilíbrio entre flexibilidade e rigor pode ser a melhor solução para garantir uma fiscalização eficaz e preservar a integridade do processo, sem renunciar à *expertise* que poderia beneficiar o projeto e o interesse público.

Uma alternativa que, na prática, tem sido adotada para garantir que a contratação do verificador independente permaneça neutra para as duas partes é a sua seleção conjunta, uma forma de mitigar potenciais conflitos de interesses. Um exemplo disso pode ser encontrado na recente minuta de contrato de concessão para a outorga do Sistema Rodoviário BR-381/MG (Belo Horizonte/MG-Governador Valadares/MG).

A subcláusula 9.1.2 da minuta em questão estabelece que a concessionária deve apresentar uma lista tríplice de verificadores, em ordem de preferência, para homologação pela ANTT. A agência, por sua vez, tem a prerrogativa de vetar qualquer dos indicados com base em decisão fundamentada, considerando o histórico de relacionamento com ela e o possível conflito de interesses.

> 9.1.2 A Concessionária deverá apresentar lista tríplice de Verificadores, em ordem de preferência, para homologação pela ANTT. (i) A ANTT poderá vetar indicados no âmbito da lista tríplice com base em decisão fundamentada, tendo em vista o seu histórico de relacionamento com a Agência e potencial conflito de interesses.

Outra possibilidade poderia ser atribuir essa responsabilidade a um terceiro, mais independente e imparcial. Essa solução parece ser adotada pelo art. 17, parágrafo único, da Portaria MT 995, de 17 de outubro de 2023, que Institui a Política Nacional de Outorgas Rodoviárias, o qual determina que a contratação do VI desse momento em diante passe a ser realizada preferencialmente pela Infra S.A.:

> Art. 17. Deverão, preferencialmente, ser previstos mecanismos de inspeção acreditada de projetos e verificador independente para:
> I - recebimento de obras e serviços;
> II - monitoramento dos parâmetros de desempenho da Rodovia; e
> III - realização de auditoria amostral de tráfego e receita auferida.
> Parágrafo único. **Os verificadores independentes deverão preferencialmente ser contratados pela Infra S.A., que será ressarcida pelas Concessionárias.** (Grifos meus)

A contratação pela Infra S.A. também agrega outra particularidade: nos projetos federais de infraestrutura e logística, essa empresa pública tem atuado como estruturadora das modelagens. A contratação do verificador por esse órgão poderia, eventualmente, significar um alinhamento entre os objetivos do estruturador e as preocupações sobre a gestão dos projetos.

Além disso, a contratação feita por uma empresa estatal – como é o caso da Infra S.A. – pode ser realizada por modalidades um pouco mais flexíveis, regradas por meio da Lei nº 13.303/2016.

Quanto ao tema de contratação de verificadores independentes pelas empresas estatais, um caso chama a atenção no estado do Espírito

Santo para a PPP de saneamento dos municípios de Serra, Vila Velha e Cariacica.[170] Naquele contexto, o verificador independente foi contratado por intermédio da CESAN (Companhia Estadual de Saneamento).

O Termo de Referência de contratação do verificador independente continha a seguinte disposição:

> 7.10 Não poderão participar, direta ou indiretamente, da licitação ou da execução dos serviços ou fornecimento as pessoas físicas e jurídicas enquadradas nos artigos 16 e 17 do Regulamento de Licitações da CESAN – Revisão 02.
>
> 7.11 Está impedida de participar de qualquer fase desta licitação a pessoa jurídica cujos titulares ou sócios tenham, nos últimos 18 (dezoito) meses, prestado serviços à contratante na qualidade de empregado ou trabalhador sem vínculo empregatício, exceto se os referidos titulares ou sócios forem aposentados.

O Regulamento de Licitações da CESAN, em seu artigo 16, trata dos casos de nepotismo. Já o artigo 17 faz referência às empresas que tenham sido contratadas pela CESAN para realizar os anteprojetos ou projetos de engenharia que embasam futuras licitações.

Uma interpretação possível sobre as restrições aplicáveis aos verificadores independentes contratados pela CESAN seria que as pessoas jurídicas que tivessem sido contratadas para atuar na modelagem dos projetos de PPP não poderiam ser verificadores independentes dos projetos contratados.

Esse tema se relaciona com a segunda restrição importante a ser analisada em relação à temática de conflitos de interesses: a proibição de contratação como verificador independente de empresas que tenham participado da estruturação ou modelagem do projeto de PPP. Durante a pesquisa, foi identificado mais um projeto com essa restrição, que acabou por impedir que o verificador independente fosse uma empresa envolvida na sua fase de estruturação.

Trata-se do contrato de PPP de serviços de saneamento de Sergipe, um dos mais recentes modelados pelo BNDES. Esse projeto inclui uma cláusula que impede a empresa envolvida na estruturação do projeto de atuar como verificador independente para garantir a

---

[170] ESPÍRITO SANTO. Companhia Espírito-santense de Saneamento (CESAN). *LCE nº 009/2021-CESAN* (Processo 2021.001043). Disponível em: https://www.cesan.com.br›PEL_009_2021. Acesso em: 26 nov. 2024.

imparcialidade do processo. A vedação está claramente exposta nas disposições do contrato, que reforçam a necessidade de independência do verificador. Confira-se:

> 2.4. Sem prejuízo de outras restrições previstas na legislação e na regulamentação aplicáveis, não poderão ser contratadas para atuar como **VERIFICADOR INDEPENDENTE**:
>
> a) pessoas físicas;
>
> b) pessoas jurídicas cujos sócios tenham participação direta ou indireta nos quadros societários da DESO, da CONCESSIONÁRIA, de seus respectivos acionistas, ou de eventual empresa que também esteja, no momento da contratação, prestando serviços à CONCESSIONÁRIA, na condição de subcontratada;
>
> c) pessoas jurídicas que sejam AFILIADAS, coligadas ou sob o controle comum da DESO, da CONCESSIONÁRIA, de seus respectivos acionistas ou de eventual empresa que também esteja, no momento da contratação, prestando serviços à CONCESSIONÁRIA, na condição de subcontratada;
>
> d) pessoas jurídicas que tenham, em seu corpo técnico, pessoa que seja ou tenha sido, nos últimos 6 (seis) meses, dirigente, gerente, empregado, contratado terceirizado ou sócio da DESO, da CONCESSIONÁRIA, de seus respectivos acionistas ou de eventual empresa que também esteja, no momento da contratação, prestando serviços à CONCESSIONÁRIA, na condição de subcontratada;
>
> e) pessoas jurídicas que possuam contrato vigente com a DESO, com a CONCESSIONÁRIA, com seus respectivos acionistas e com eventual empresa que também esteja, no momento da contratação, prestando serviços à CONCESSIONÁRIA, na condição de subcontratada;
>
> f) pessoas jurídicas que, de alguma forma, possam ter sua independência e imparcialidade comprometidas, ou estejam impedidas de serem contratadas, observados os termos da legislação e da regulamentação vigentes;
>
> g) pessoas jurídicas que estejam submetidas à liquidação, à intervenção, a Regime de Administração Especial Temporária - RAET, a falência ou a recuperação judicial;
>
> h) pessoas jurídicas que tenham, entre os membros de sua equipe técnica, servidor ou dirigente do PODER CONCEDENTE ou da AGÊNCIA REGULADORA que esteja envolvido na fiscalização do CONTRATO ou que tenha se envolvido na fiscalização do CONTRATO nos 6 (seis) meses anteriores à publicação do EDITAL; e
>
> i) **pessoas jurídicas que tenham sido contratadas pelo PODER CONCEDENTE ou pela AGÊNCIA REGULADORA, ou, ainda,**

subcontratadas, para a elaboração dos estudos que serviram de base para a estruturação da CONCESSÃO, por ao menos 3 (três) anos, a contar da data de assinatura do CONTRATO.[171] (Grifos meus)

De um lado, essa restrição é coerente, pois quem estrutura o projeto geralmente trabalha em estreita colaboração com o governo, o que naturalmente pode criar um incentivo para favorecer os interesses públicos. Nesse cenário, impedir que a mesma empresa atue como verificador independente é uma forma de garantir que a análise crítica do projeto seja realizada com imparcialidade. Caso contrário, a empresa que participou da estruturação do projeto poderia ter um viés de defesa das decisões tomadas durante a modelagem, o que poderia comprometer eventual admissão de falhas ou lacunas no próprio projeto.

Em vez de atuar com neutralidade, o verificador independente poderia acabar desempenhando o papel de um "advogado do projeto", que protegeria as escolhas feitas na fase de estruturação e não reconheceria potenciais necessidades de melhorias ou ajustes. No decorrer do tempo, o projeto será inevitavelmente testado em suas nuances, e a independência do verificador é fundamental para garantir a imparcialidade e a eficácia da avaliação.

Por outro lado, permitir que uma empresa que participou da modelagem do projeto também atue como verificador independente apresenta vantagens consideráveis, entre as quais a redução da curva de aprendizado. A empresa que ajudou a estruturar o projeto já tem um conhecimento profundo do ativo, das suas particularidades e dos desafios envolvidos. Isso pode agilizar o processo de verificação, pois a empresa já está familiarizada com os detalhes técnicos, operacionais e financeiros do projeto, o que reduz o tempo necessário para se adaptar e identificar os pontos críticos. Além disso, esse conhecimento prévio pode levar a análises mais precisas e detalhadas, já que o verificador independente entenderia desde o início as complexidades envolvidas e poderia prever, com maior precisão, os riscos e oportunidades que o projeto enfrenta.

---

[171] SERGIPE. *Minuta de contrato*. Concessão da prestação regionalizada dos serviços públicos de abastecimento de água e esgotamento sanitário da microrregião de água e esgoto de Sergipe – Maes, instituída pela Lei Complementar Estadual nº 398, de 29 de dezembro de 2023. Sergipe, 12 jan. 2024. p. 68 Disponível em: https://desenvolve.se.gov.br/wp-content/uploads/2024/01/Contrato-de-Concessao-1.pdf. Acesso em: 1º out. 2024.

Outra vantagem de permitir essa continuidade é a possibilidade de garantir maior coesão na execução do projeto. Uma empresa que esteve envolvida desde a modelagem pode ter uma visão integrada do que foi planejado e do que deve ser executado, minimizando a ocorrência de interpretações divergentes e garantindo que o projeto seja operado em conformidade com sua concepção inicial.

Apesar dessas vantagens, é fundamental que qualquer decisão nesse sentido seja acompanhada de salvaguardas consistentes para evitar conflitos de interesses. Se a empresa que tiver participado da estruturação do projeto for escolhida como verificador independente, deverá haver mecanismos claros de governança, transparência e supervisão para garantir que essa continuidade não comprometa a neutralidade da verificação.

Esse cenário demonstra de maneira nítida como a questão do conflito de interesses no que se refere à atuação dos verificadores independentes é ainda hoje um tema central nos contratos de concessão e nas parcerias público-privadas. As ferramentas regulatórias e contratuais implementadas para mitigar esses conflitos demonstram a preocupação com a preservação da neutralidade dos verificadores, assegurando que suas avaliações sejam conduzidas sem influência de qualquer uma das partes envolvidas.

Embora deva ser reconhecido que ainda existem desafios práticos na manutenção dessa neutralidade, a jurisprudência e as normativas atuais mostram uma evolução no tratamento desse tema, com a adoção de mecanismos que buscam evitar a captura do verificador independente, como a contratação por terceiros ou a seleção conjunta entre as partes. O avanço regulatório nessa área, associado às salvaguardas implementadas nos contratos, aponta para um caminho de maior segurança e transparência, permitindo que o verificador independente cumpra seu papel de forma efetivamente imparcial, contribuindo para o sucesso e o equilíbrio dos projetos concessórios.

CONCLUSÃO

Embora não haja comando legislativo sobre o tema, cada vez mais as parcerias público-privadas são acompanhadas por um verificador independente. O percentual de contratos que contam com a previsão de inserção desse ator tem-se elevado significativamente nos últimos anos. Nos estados e municípios maiores, a tendência é inegável, mas mesmo os municípios menores já têm apresentado um movimento crescente de contratação desse agente (sobretudo nos projetos de iluminação pública e saneamento).

Estruturadores profissionais contratados pelos governos têm incluído disposições nos contratos de PPP que exigem das partes a presença do verificador independente. Ganha destaque, nesse cenário, o BNDES, cujos contratos estruturados no âmbito de sua "fábrica/*hub* de projetos" trouxeram, em sua totalidade, cláusulas cada vez mais específicas sobre a atuação do VI.

A ausência de legislação a respeito do papel do verificador independente não impediu a publicação de orientações e normativos infralegais sobre o tema. São cada vez mais frequentes as regulações que tangenciam a figura do verificador nos contratos de concessão. Agências como a ANTT, a ANA (em âmbito federal) e a AGEMS (em âmbito estadual) já têm regramentos estruturados sobre o tema. Mais recentemente, nos anos de 2023 e 2024, quando o Ministério dos Transportes editou portarias para instituir as Políticas Nacionais de Outorgas para os setores ferroviário e rodoviário, os textos trouxeram disposições sobre a contratação do verificador independente.

A contratação desse ator pode ser feita tanto pela concessionária quanto pelo Poder Concedente. Apesar de críticas iniciais sobre a contratação pelo parceiro privado (sem licitação), o TCU superou entendimentos pretéritos e parece ter consolidado a visão de que não há impedimentos legais quanto à contratação do verificador por quaisquer das partes, desde que observadas algumas condições (especialmente para a mitigação de potenciais conflitos de interesses).

Sobre esse tema, a tendência observada nos últimos anos (em particular, a partir de 2021) foi a de que as concessionárias, preponderantemente, realizassem as contratações. A seleção desse terceiro independente, entretanto, muitas vezes é realizada por meio de procedimentos de escolha conjunta entre Estado e parceiro privado, com base em listas tríplices, credenciamentos ou de outras formas.

Pode-se dizer que a verificação independente é um instituto que já estava presente nas primeiras PPPs celebradas no Brasil – notadamente no Contrato da Rodovia MG 050 – e que se foi consolidando ao longo da última década. Ainda, os contratos mais recentes (desde 2021) têm atribuído a essa figura atividades e obrigações mais amplas do que aquelas previstas nos primeiros contratos que incorporaram o VI.

Com o passar do tempo, o verificador ganhou novas funções, além do monitoramento do desempenho da concessionária. Em muitos contextos, esse ator é tido como uma ferramenta de apoio à gestão da PPP, com responsabilidades que podem incluir, entre outras atividades, o suporte aos processos de recomposição do equilíbrio contratual e a realização de cálculos de indenizações, bem como o aprimoramento de mecanismos contratuais, o desenvolvimento de sistemas e a participação em processos de solução de disputas.

Na maior parte dos casos, o verificador não detém competência decisória. Seus pareceres são, via de regra, opinativos e não vinculantes. Servem, muitas vezes, de fundamento e justificativa para a tomada de decisão pelas agências e/ou pelo Poder Concedente.

Em projetos mais contemporâneos, porém, há casos em que a orientação do verificador deverá prevalecer quando da inércia do ente administrativo competente para a tomada de decisão. Há casos, inclusive, em que o verificador independente poderá decidir sobre algumas temáticas durante o período em que o contrato de PPP não estiver sujeito à regulação realizada por uma agência. Em outras palavras, sua orientação prevalecerá até a futura criação do ente regulador ou até a indicação de uma agência que possa vir a integrar o contrato de PPP.

Um dos temas que se apresentaram de forma relevante no decorrer da pesquisa diz respeito à transparência. Seja em relação aos contratos celebrados com o verificador independente, seja em relação aos relatórios e pareceres realizados por ele, os dados relacionados a essa figura são de difícil levantamento e acompanhamento. Isso está em sentido contrário às recomendações dos órgãos controladores e – por que não dizer? – à própria intenção de contratar um verificador para projetos de PPP. Se a ideia é que essa figura atue para aprimorar a gestão de tais contratos e para permitir maior *accountability*, a transparência é um requisito fundamental – e nesse aspecto ainda precisamos evoluir muito.

Principalmente quando a contratação é realizada pela concessionária, não há transparência de informações quanto à atuação do verificador. Ainda, nos portais públicos, foram raros os casos em que foi possível ter acesso aos relatórios periódicos exarados pelos verificadores, bem como seus pareceres e demais documentos.

Os dados indicam que a contratação do verificador independente serve também para apoiar as Agências Reguladoras e o Poder Concedente no processamento de atos corriqueiros, de modo que atue como instrumento de motivação das decisões tomadas. Esse caráter pode conferir celeridade e cadência para que os processos – em especial, reequilíbrios e revisões – não fiquem represados sem resposta das autoridades competentes. Espera-se, assim, que o verificador possa apoiar o não acúmulo de passivos regulatórios.

Uma recomendação derradeira do presente trabalho dialoga com uma lacuna percebida quanto à efetividade do verificador independente. Por mais que intuitivamente se possa concluir que cada vez mais os estruturadores e Poderes Concedentes se têm valido dessa figura em suas contratações, não há um estudo que tenha demonstrado que, de fato, o verificador aprimora a gestão contratual. Assim, seria interessante que, nas contratações de concessões e PPPs, as análises de *value for money* considerassem também os benefícios – analisados quantitativa e qualitativamente – de contratar um verificador independente para realizar o apoio às partes na condução das concessões.

A sistematização das informações disponíveis sobre a verificação independente permitiu concluir que essa figura caminha na mesma direção da evolução dos conceitos mais modernos praticados nas contratações de PPPs. O arcabouço jurídico que ampara esses contratos tem reconhecido a necessidade de instrumentalizar e criar procedimentos adequados para operacionalizar esses arranjos, que são "vivos".

A segurança jurídica das concessões é fortalecida a partir da percepção de que tais contratos são incompletos e de que deverão ter suas lacunas preenchidas, por meio de constantes ajustes, para adaptá-los à realidade. Se esses ajustes forem realizados com competência técnica e imparcialidade – por exemplo, pelo verificador independente –, os riscos de conflitos tenderão a ser menores. Nas tendências recentes do direito administrativo de postular relações menos conflituosas e beligerantes, o verificador independente poderia ser uma ferramenta decisiva na construção de um ambiente mais disposto ao consenso.

REFERÊNCIAS

ACCIOLY, Dante. Falta de dinheiro, falhas de projeto e omissão política geram 14 mil obras inacabadas. *Agência Senado*, 10 jun. 2022. Disponível em: https://www12.senado.leg.br/noticias/infomaterias/2022/06/falta-de-dinheiro-falhas-de-projeto-e-omissao-politica-geram-14-mil-obras-inacabadas. Acesso em: 24 maio 2024.

ALMEIDA, Célia. Parcerias público-privadas (PPP) no setor de saúde: processos globais e dinâmicas nacionais. *Cadernos de Saúde Pública*, 2017. Disponível em: https://www.scielo.br/j/csp/a/drk3GQCxZMTsnwQWxRjJdNQ/?format=pdf&lang=pt. Acesso em: 4 out. 2024.

BAHIA. *Projeto do VLT*. Disponível em: http://www.sedur.ba.gov.br/mobilidade-urbana/vlt/. Acesso em: 3 ago. 2023.

BID/ECONOMIST IMPACT. *Infrascope:* measuring the enabling environment for public-private partnerships in infrastructure. Disponível em: https://impact.economist.com/projects/infrascope. Acesso em: 23 maio 2024.

BID. *Projetos*. Disponível em: https://www.iadb.org/pt-br/project-search. Acesso em: 2 out. 2024.

BNDES. *Nossos Projetos Concluídos*. Disponível em: https://hubdeprojetos.bndes.gov.br/pt/projetos/projetos-concluidos. Acesso em: 4 set. 2024.

BNDES. *Oportunidades de investimentos em projetos estruturados pelo BNDES e informações úteis em setores destacados da economia brasileira*. Disponível em: https://hubdeprojetos.bndes.gov.br/pt. Acesso em: 2 out. 2024.

BNDES. Hub de Projetos. Rio de Janeiro. Saneamento. *Concorrência internacional n. 01/2020*. Concessão comum em distribuição de água e em esgoto sanitário em 35 municípios do estado do Rio de Janeiro, divididos em 4 blocos. A licitação dos blocos ocorreu em abril de 2021, tendo os blocos 1, 2, 4 recebido propostas, mas o bloco 3 restou deserto. Disponível em: https://hubdeprojetos.bndes.gov.br/pt/projetos/Rio-de-Janeiro-Saneamento/95ee1cd5-7e8d-11ea-8ee4-0242ac11002b. Acesso em: 27 out. 2024.

BORGES, André; ULHÔA, Raquel. Para o TCU, agências reguladoras sofrem com falta de autonomia. *Valor Econômico*, 5 jun. 2012. Disponível em: https://valor.globo.com/brasil/noticia/2012/06/05/para-o-tcu-agencias-reguladoras-sofrem-com-falta-de-autonomia.ghtml. Acesso em: 8 ago. 2023.

BRASIL. [Constituição (1988)]. *Constituição da República Federativa do Brasil de 1988*. Brasília, DF: Presidência da República. Disponível em: https://www.planalto.gov.br/ccivil_03/constituicao/constituicao.htm. Acesso em: 25 nov. 2024.

BRASIL. *Lei nº 8.666, de 21 de janeiro de 1993*. Regulamenta o art. 37, inciso XXI, da Constituição Federal, institui normas para licitações e contratos da Administração Pública e dá outras providências. Disponível em: http://www.planalto.gov.br/ccivil_03/leis/l8666cons.htm. Acesso em: 19 set. 2024.

BRASIL. Ministério da Infraestrutura. Agência Nacional de Transportes Terrestres (ANTT). *Resolução nº 6.000, de 1º de dezembro de 2022*. Aprova a segunda norma do Regulamento das Concessões Rodoviárias, relativa a bens, obras e serviços, aplicável aos contratos de concessão de exploração de infraestrutura rodoviária sob competência da Agência Nacional de Transportes Terrestres. Disponível em: https://anttlegis.antt.gov.br/action/ActionDatalegis.php?acao=abrirTextoAto&link=S&tipo=RES&numeroAto=00006000&seqAto=000&valorAno=2022&orgao=DG/ANTT/MI&cod_modulo=392&cod_menu=7220. Acesso em: 28 out. 2024.

BRASIL. Ministério da Integração Nacional e do Desenvolvimento Regional. Agência Nacional de Águas e Saneamento Básico (ANA). *Resolução nº 161, de 3 de agosto de 2023*. Aprova norma de referência ANA nº 3, que dispõe sobre metodologia de indenização de investimentos realizados e ainda não amortizados ou depreciados dos contratos de prestação de serviços de abastecimento de água e esgotamento sanitário. Disponível em: https://www.gov.br/ana/pt-br/legislacao/resolucoes/resolucoes-regulatorias/2023/161. Acesso em: 16 nov. 2024.

BRASIL. Ministério dos Transportes. *Estudos e documentos - 5ª rodada*. 2022. Disponível em: https://www.gov.br/transportes/pt-br/assuntos/concessoes/concessoes-aeroportuarias-antigo/evtea-5a-rodada. Acesso em: 2 out. 2024.

BRASIL. Ministério dos Transportes. *Portaria nº 532, de 5 de junho de 2024*. Estabelece diretrizes para a prorrogação antecipada das concessões de serviço público de transporte ferroviário. Disponível em: https://www.in.gov.br/en/web/dou/-/portaria-n-532-de-5-de-junho-de-2024-*-566618917. Acesso em: 16 nov. 2024.

BRASIL. Ministério dos Transportes. *Portaria nº 995, de 17 de outubro de 2023*. Institui a Política Nacional de Outorgas Rodoviárias no âmbito do Ministério dos Transportes e de suas entidades vinculadas. Disponível em: https://www.lex.com.br/portaria-mt-no-995-de-17-de-outubro-de-2023/. Acesso em: 16 nov. 2024.

BRASIL. Ministério dos Transportes. Agência Nacional de Transportes Terrestres (ANTT). *Resolução nº 6.040, de 4 de abril de 2024*. Altera a Resolução nº 5.845, de 14 de maio de 2019, que dispõe sobre as regras procedimentais para a autocomposição e a arbitragem no âmbito da ANTT, para incluir a previsão dos comitês de prevenção e solução de disputas. Disponível em: https://anttlegis.antt.gov.br/action/ActionDatalegis.php?acao=abrirTextoAto&link=S&tipo=RES&numeroAto=00006040&seqAto=000&valorAno=2024&orgao=DG/ANTT/MT&cod_modulo=161&cod_menu=7796. Acesso em: 28 out. 2024.

BRASIL. Tribunal de Contas da União. *Acórdão nº 1.766/2021*. Plenário. Relator: Ministro Walton Alencar Rodrigues. Processo TC 039.400/2020-4. Ata 28/2021. Brasília, DF, Sessão 28/7/2021. Disponível em: https://pesquisa.apps.tcu.gov.br/documento/acordao-completo/*/NUMACORDAO%253A1766%2520ANOACORDAO%253A2021%2520CO LEGIADO%253A%2522Plen%25C3%25A1rio%2522/DTRELEVANCIA%2520desc%252 C%2520NUMACORDAOINT%2520desc/0. Acesso em: 23 ago. 2023.

BRASIL. Tribunal de Contas da União. *Acórdão nº 1.769/2021*. Plenário. Relator: Ministro Raimundo Carreiro. Processo TC 028.116/2020-8. Ata 28/2021. Brasília, DF, Sessão 28/7/2021. Disponível em: https://pesquisa.apps.tcu.gov.br/documento/acordao-completo/*/NUMACORDAO%253A1769%2520ANOACORDAO%253A2021%2520CO LEGIADO%253A%2522Plen%25C3%25A1rio%2522/DTRELEVANCIA%2520desc%252 C%2520NUMACORDAOINT%2520desc/0. Acesso em: 22 ago. 2023.

BRASIL. Tribunal de Contas da União. *Acórdão nº 2.174/2022*. Plenário. Relator: Ministro Benjamin Zymler. Processo TC 012.956/2022-8. Ata 37/2022. Brasília, DF, Sessão 28/9/2021. Disponível em: https://pesquisa.apps.tcu.gov.br/documento/acordao-completo/*/NUMA CORDAO%253A2147%2520ANOACORDAO%253A2022/DTRELEVANCIA%2520asc% 252C%2520NUMACORDAOINT%2520asc/2. Acesso em: 16 ago. 2023.

BRASIL. Tribunal de Contas da União. *Acórdão nº 2.472/2020*. Plenário. Relator: Ministro Walton Alencar Rodrigues. Processo TC 011.535/2020-2. Ata 35/2020. Brasília, DF, Sessão 16/9/2020. Disponível em: https://pesquisa.apps.tcu.gov.br/documento/acordao-completo/2472%252F2020/%2520/DTRELEVANCIA%2520desc%252C%2520NUMACO RDAOINT%2520desc/0. Acesso em: 16 ago. 2023.

BRASIL. Tribunal de Contas da União. *Acórdão nº 2.534/2022*. Plenário. Relator: Ministro Benjamin Zymler. Processo TC 010.212/2022-1. Ata 24/2022. Brasília, DF, Sessão 23/11/2022. Disponível em: https://pesquisa.apps.tcu.gov.br/documento/acordao-completo/%2522v erificador%2520de%2520conformidade%2522/%2520/DTRELEVANCIA%2520desc%252 C%2520NUMACORDAOINT%2520desc/1. Acesso em: 16 ago. 2023.

BRASIL. Tribunal de Contas da União. *Acórdão nº 2.804/2021*. Plenário. Relator: Ministro Vital do Rêgo. Processo TC 024.127/2021-3. Ata 26/2021. Brasília, DF, Sessão 24/11/2021. Disponível em: https://pesquisa.apps.tcu.gov.br/documento/acordao-completo/2804%252F2021/%2520/DTRELEVANCIA%2520desc%252C%2520NUMAC ORDAOINT%2520desc/0. Acesso em: 16 ago. 2023.

BRASIL. Tribunal de Contas da União. *Acórdão nº 4.036/2020*. Processo de desestatização para acompanhar a outorga de concessão dos trechos das rodovias federais BR153/TO/ GO e BR-080/414/GO. Relator: Vital do Rêgo, 8 de dezembro de 2020. Disponível em: https://pesquisa.apps.tcu.gov.br/documento/acordao-completo/*/NUMACORDAO%25 3A4036%2520ANOACORDAO%253A2020%2520COLEGIADO%253A%2522Plen%25C 3%25A1rio%2522/DTRELEVANCIA%2520desc%252C%2520NUMACORDAOINT%252 0desc/0. Acesso em: 12 out. 2024.

BRASIL. Tribunal de Contas da União. *Acórdão nº 4.037/2020* – Plenário. Relator: Benjamin Zymler. Processo n. 018.901/2020-4. Data da sessão: 8 de dezembro de 2020. Disponível em: https://pesquisa.apps.tcu.gov.br/. Acesso em: 23 out. 2024.

BRASIL. Tribunal de Contas da União. *Pesquisa textual*. Disponível em: https://pesquisa.apps.tcu.gov.br/pesquisa/acordao-completo. Acesso em: 30 abr. 2024.

CARVALHO, L. L.; OLIVEIRA, C. R. Agências Reguladoras e o verificador "independente". *Consultor Jurídico*, 19 de maio de 2024. Disponível em: https://www.conjur.com.br/2024-mai-19/agencias-reguladoras-e-o-verificador-independente/#:~:text=Ganha%20relevo%2C%20na%20perspectiva%20de%20refor%C3%A7o%20da%20regula%C3%A7%C3%A3o,autonomia%20e%20independ%C3%AAncia%20decis%C3%B3ria%2C%20espelhados%20na%20Lei%2013.848%2F2019. Acesso em: 10 out. 2024.

CEARÁ. *Minuta do contrato, Anexo I*. Ceará, 15 de dezembro de 2021, p. 62. Disponível em: https://www.cagece.com.br/wp-content/uploads/PDF/Universaliza%C3%A7%C3%A3o/ContratoeAnexo/CP-2.-MINUTA-DO-CONTRATO.pdf. Acesso em: 24 out. 2024.

CENTRO DE RECURSOS DE PARCERIA PÚBLICO-PRIVADA. *PPPs por setor: Subnacional e Municipal*. Disponível em: https://ppp.worldbank.org/public-private-partnership/sector. Acesso em: 3 out. 2024.

COHEN, Isadora *et al.* Flexibilidade e previsibilidade nos contratos de concessões e PPPs. *Jota*, 25 jun. 2021. Disponível em: https://www.jota.info/opiniao-e-analise/colunas/infra/flexibilidade-e-previsibilidade-nos-contratos-de-concessoes-e-ppps-25062021. Acesso em: 12 jan. 2024.

CONSAD. *Diagnóstico de concessões e PPPs nas Unidades Federativas*. 2020. Disponível: http://www.consad.org.br/wp-content/uploads/2021/05/Diagn%C3%B3stico-de-Concess%C3%B5es-e-PPPs-nas-Unidades-Federativas_Final-1.pdf. Acesso em: 17 jul. 2023.

CRISTINA, V. *A caracterização do contrato de concessão após a edição da Lei nº 11.079/2004*. 2009. Tese (Doutorado em Direito) – Faculdade de Direito, Universidade de São Paulo, São Paulo, 2009. Disponível em: https://www.teses.usp.br/teses/disponiveis/2/2134/tde-24112009-131838/pt-br.php. Acesso em: 6 nov. 2015.

DIAS, M. T. F.; BARBOSA, M. E. B. *Parcerias Público-Privadas na saúde*: análise comparativa da experiência do Brasil e do Reino Unido. Minas Gerais: Expert Editora, 2021. p. 166-167. Disponível em: https://pos.direito.ufmg.br/downloads/Parcerias-Publico-Privadas-na-saude.pdf. Acesso em: 12 out. 2024.

DIETERICH BOPP, F. *Mitigação de risco para projetos de parcerias público-privadas no Brasil*: a estruturação de garantias públicas. [s.l.] Inter-American Development Bank, 2017. Disponível em: https://publications.iadb.org/pt/mitigacao-de-risco-para-projetos-de-parcerias-publico-privadas-no-brasil-estruturacao-de-garantias. Acesso em: 24 nov. 2024.

ENEI, José Virgílio Lopes. *Project finance* e suas novas tendências: duas décadas de aplicação no Brasil. *In*: CARVALHO, André Castro; CASTRO, Leonardo Freitas de Moraes (org.). *Manual de project finance no direito brasileiro*. São Paulo: Quartier Latin, 2018.

ERECHIM (RS). *Anexo 14 da Concessão Administrativa nº 01/2022*. Verificador Independente. Disponível em: https://www.pmerechim.rs.gov.br/uploads/paginas/406780413c61fa8dd f2cbf778e4c4d7a.pdf. Acesso em: 28 out. 2024

ESPÍRITO SANTO. Companhia Espírito-santense de Saneamento (CESAN). *LCE n. 009/2021*. CESAN (Processo 2021.001043). Disponível em: https://www.cesan.com.br › PEL_009_2021. Acesso em: 26 nov. 2024.

FAJARDO, G. R. *Agências reguladoras como poder concedente nos contratos de concessão*. 2023. Dissertação (Mestrado em Direito) – Faculdade de Direito, Universidade Federal de Minas Gerais, Belo Horizonte, 2023. Disponível em: https://repositorio.ufmg.br/handle/1843/50982. Acesso em: 20 out. 2024.

FEDERAL HIGHWAY ADMINISTRATION. *Model Public-Private Partnership Core Toll Concession Contract Guide*. Disponível em: https://www.fhwa.dot.gov/ipd/pdfs/p3/model_p3_core_toll_concessions.pdf. Acesso em: 11 set. 2023.

GALDEANO, Luany. Falta de servidores em agências reguladoras pode afetar serviços essenciais, alertam entidades. *Folha de S.Paulo*, 12 jul. 2023. Disponível em: https://www1.folha.uol.com.br/mercado/2023/07/falta-de-servidores-em-agencias-reguladoras-pode-afetar-servicos-essenciais-alertam-entidades.shtml. Acesso em: 2 fev. 2024.

GARCIA, Francisco Acioli; PASSOS, Luísa Nóbrega; MOREIRA, Vitor Gomes. Equacionamento de passivos regulatórios pela via consensual em contratos de concessão de serviço público. *Revista da Procuradoria-Geral do Estado de São Paulo*, 2023. Disponível em: https://revistas.pge.sp.gov.br/index.php/revistapegesp/article/view/1340. Acesso em: 10 out. 2024.

GERSHKOV, A., PERRY, M. Dynamic contracts with moral hazard and adverse selection. *The Review of Economics Studies*, 79, 1, p. 268-306, 2012. Doi:10.1093/restud/rdr026.

GONÇALVES, Pedro. *Reflexões sobre o Estado regulador e o Estado contratante*. Coimbra: Coimbra Editora, 2013.

ICATU (MA). *Contrato nº 001.2022.1354.2021/2022*. Disponível em: https://icatu.ma.gov.br/contratos.php?id=75. Acesso em: 28 out. 2024.

INFRACAST. A importância da ANA na gestão de recursos hídricos, com Verônica Sanchez (presidente da ANA). Verônica Sanchez, presidente da ANA, discute o impacto do novo Marco do Saneamento, as concessões, PPPs e a adaptação das agências reguladoras. Abordamos neste episódio a atuação da ANA diante das mudanças climáticas e a importância da infraestrutura sustentável para a segurança hídrica no Brasil. YouTube, 30 set. 2024. Disponível em: https://www.youtube.com/watch?v=_n4tJg9Xv6A. Acesso em: 2 out. 2024.

INFRACAST. O papel do verificador independente nos projetos de concessão. YouTube, 30 set. 2024. Disponível em: https://www.youtube.com/watch?v=yujgcQ5IkGQ. Acesso em: 2 out. 2024.

INTERNATIONAL FINANCE CORPORATION/WORLD BANK GROUP. IFC e Caixa estruturam projetos de PPP para expandir e modernizar a iluminação pública no Brasil. *IFC*, 24 nov. 2021. Disponível em: https://www.ifc.org/pt/pressroom/2021/26728. Acesso em: 5 out. 2024.

INTERNATIONAL FINANCE CORPORATION/WORLD BANK GROUP. *Estruturação de projetos de PPP e concessão no Brasil:* diagnóstico do modelo brasileiro e propostas de aperfeiçoamento. Estudo coordenado pela IFC/ World Bank Group para o Programa de Fomento à Participação Privada, uma iniciativa de IFC, BNDES e BID. Dezembro 2015. Disponível em: https://web.bndes.gov.br/bib/jspui/handle/1408/7211?&locale=pt_BR. Acesso em: 24 nov. 2024.

IPGC. *Projetos realizados*. Disponível em: https://ipgc.com.br/. Acesso em: 3 out. 2024.

JORDÃO, E. et al. *Agências Reguladoras Estaduais:* pesquisa empírica sobre sua maturidade institucional. São Paulo: Juspodivm, 2024.

JUNQUEIRA, A. R. As manifestações não jurisdicionais sobre a execução de contratos celebrados pela administração pública: conteúdo, cumprimento e vinculação. *Revista da Procuradoria-Geral do Estado de São Paulo*, São Paulo, p. 18, 2023. Disponível em: https://doi.org/10.22491/0102-8065.2022.v96.1337. Acesso em: 11 out. 2024.

JUSTEN FILHO, Marçal. *O direito das agências reguladoras independentes.* São Paulo: Dialética, 2002. p. 369-370.

LAWRENCE, Martin. PUBLIC-PRIVATE PARTNERSHIPS (P3s): What Local Government Managers Need to Know, 2017. Disponível em: https://icma.org/sites/default/files/18-109%20Public-Private%20Partnerships-P3s%20White%20Paper_web%20FINAL.pdf. Acesso em: 20 set. 2023.

LEITÃO, Gisella. Dispensa de licitação: o guia completo. *Conlicitação*, 19 fev. 2024, atualizado em 5 nov. 2024. Disponível em: https://conlicitacao.com.br/dispensa-de-licitacao/. Acesso em: 22 out. 2024.

LIMA, R. M. O "apagão das canetas": fato ou fake? *Consultor Jurídico*, 8 de dezembro de 2023. Disponível em: https://www.conjur.com.br/2023-dez-08/o-apagao-das-canetas-fato-ou-fake/0. Acesso em: 24 out. 2024.

MANAUS. *Contrato de Concessão administrativa nº 01/2012.* Disponível em: https://ppp.manaus.am.gov.br/ppp-da-saude/. Acesso em: 27 out. 2024.

MANAUS. *Contrato de Concessão administrativa nº 01/2020.* Disponível em: https://radarppp.com/resumo-de-contratos-de-ppps/sistema-de-iluminacao-publica-manaus/. Acesso em: 27 out. 2024.

MATO GROSSO DO SUL. *Concorrência Pública n. 01/2021.* Disponível em: https://www.epe.segov.ms.gov.br/contrato-ppp-infovia-digital/. Acesso em: 24 out. 2024.

MATO GROSSO DO SUL. *Contrato PPP Infovia Digital*. Disponível em: https://www.epe.segov.ms.gov.br/contrato-ppp-infovia-digital/. Acesso em: 19 set. 2024.

MATO GROSSO DO SUL. *Decreto nº 15.355, de 29 de janeiro de 2020*. Dispõe sobre as regulamentações de credenciamento de Verificador Independente a ser contratado nas Concessões Comuns e nas Parcerias Público-Privadas realizadas no âmbito do Estado de Mato Grosso do Sul. Disponível em: http://aacpdappls.net.ms.gov.br/appls/legislacao/secoge/govato.nsf/fd8600de8a55c7fc04256b210079ce25/85905b6d42340744042584ff0043a53f?OpenDocument. Acesso em: 28 out. 2024.

MATO GROSSO DO SUL. *Lei nº 5.829, de 9 de março de 2022*. Dispõe sobre: Programa de Parcerias do Estado de Mato Grosso do Sul (PROP-MS), Mato Grosso do Sul, 2022. Disponível em: https://www.legisweb.com.br/legislacao/?id=428412#:~:text=Institui%20o%20Programa%20de%20Parcerias,de%20Mato%20Grosso%20do%20Sul.&text=Art. Acesso em: 2 maio 2024.

MATO GROSSO DO SUL. Secretaria de Estado da Fazenda. *Diretrizes para contratação do verificador independente*. Anexo VI.c. Disponível em: https://www.epe.segov.ms.gov.br/consulta-e-audiencia-publica-01-2021-ppp-infovia-digital/. Acesso em: 20 nov. 2024.

MATO GROSSO DO SUL. *Portaria nº 175, de 4 de fevereiro de 2020*. Dispõe sobre a constituição da Comissão de Análise do Credenciamento de Verificador Independente, dos requisitos e do procedimento para credenciamento do Verificador Independente a ser contratado nas Concessões Comuns e Parcerias Público-Privadas realizadas no âmbito do Estado de Mato Grosso do Sul, e dá outras providências. Disponível em: https://www.agems.ms.gov.br/portaria-agepan-no-175-de-04-de-fevereiro-de-2020/. Acesso em: 28 out. 2024.

MATO GROSSO. *Lei Complementar nº 429, de 21 de julho de 2011*. Dispõe sobre a organização, estrutura e competências da Agência de Regulação dos Serviços Públicos Delegados do Estado de Mato Grosso e dá outras providências. Disponível em: https://legislacao.mt.gov.br/mt/lei-complementar-n-429-2011-mato-grosso-dispoe-sobre-a-organizacao-estrutura-e-competencias-da-agencia-de-regulacao-dos-servicos-publicos-delegados-do-estado-de-mato-grosso-e-da-outras-providencias. Acesso em: 24 nov. 2024.

MATO GROSSO. TCE/MT. *Representação Externa nº 59.494-6/2021*. Relator: SÉRGIO RICARDO DE ALMEIDA. Data de Julgamento: 11/4/2023. Decisão singular julgada procedente. Data de Publicação: 12/4/2023. Disponível em: https://pje2.tjmt.jus.br/pje2/ConsultaPublica/listView.seam. Acesso em: 27 nov. 2024

MATO GROSSO. TJ-MT 10233785320218110000 MT. Relator: HELENA MARIA BEZERRA RAMOS. Data de Julgamento: 21/1/2022. Turma de Câmaras Cíveis Reunidas de Direito Público e Coletivo. Data de Publicação: 21/1/2022). Disponível em: https://pje2.tjmt.jus.br/pje2/ConsultaPublica/listView.seam. Acesso em: 27 nov. 2024

MATO GROSSO. Secretaria de Estado de Infraestrutura e Logística (SINFRA). *5ª rodada de concessões rodoviárias*. Disponível em: https://concessao.sinfra.mt.gov.br/. Acesso em: 28 out. 2024.

MEIRELLES, H. L. *Licitação e contrato administrativo*. São Paulo: Editora Revista dos Tribunais, 1973.

MINAS GERAIS. *Contrato de Concessão Patrocinada nº 004/2022*. Disponível em: http://www.ppp.mg.gov.br/projetos/contratos-assinados/rodovia-mg-050/114-as-ultimas-noticias/contratos-assinados?layout=. Acesso em: 27 out. 2024.

MINAS GERAIS. Secretaria de Estado de Desenvolvimento Econômico de Minas Gerais. *Manual para a Estruturação de Verificadores Independentes:* práticas para agregar valor aos projetos de Parceria Público-Privada. 2012. Disponível em: https://www.mg.gov.br/sites/default/files/planejamento/documentos/parcerias-publico-privadas/csb00061_book_ppp-governo_de_minas_final.pdf. Acesso em: 17 ago. 2023.

PAIVA, Danuza Aparecida. *Fiscalização da execução contratual de parcerias público-privadas e o papel dos verificadores independentes (VIs) (manuscrito):* a experiência da utilização de VI em contratos de PPPs celebrados em Minas Gerais Belo Horizonte: UFMG, 2022. Disponível em: https://repositorio.ufmg.br/bitstream/1843/47309/1/FINAL%20_%20PAIVA%20Danuza%20Aparecida%20de.%20Fiscaliza%c3%a7%c3%a3o%20da%20execu%c3%a7%c3%a3o%20contratual%20de%20parcerias%20p%c3%bablico%20pr-ivadas%20e%20o%20papel%20dos%20verificadores%20independentes.pdf. Acesso em: 10 fev. 2024.

PERNAMBUCO. *Contrato nº 015/2021*. Disponível em: https://drive.expresso.pe.gov.br/s/rMiFj0miXAei0LU?path=%2F04-Formaliza%C3%A7%C3%A3o%20contratual#pdfviewer. Acesso em: 28 out. 2024.

PIAUÍ. Superintendência de Parcerias e concessões – SUPARC. *Miniusinas de Energia Solar*. Disponível em: https://suparc.sead.pi.gov.br/projetos/miniusinas-de-energia-solar/. Acesso em: 24 maio 2024.

PIAUÍ. *Contrato nº 01/2022*. Disponível em: http://www.ppp.pi.gov.br/pppteste/wp-content/uploads/2022/02/ASSINADO_CONTRATO_AEROPORTO_PHB.pdf. Acesso em: 18 out. 2024.

PIAUÍ. Superintendência de Parcerias e concessões (SUPARC). *Miniusinas de Energia Solar*. Disponível em: https://suparc.sead.pi.gov.br/projetos/miniusinas-de-energia-solar/. Acesso em: 24 maio 2024.

PIETRO, Estevam. *A contratação pública em Portugal:* a figura do gestor dos contratos públicos para o movimento de profissionalização. Curitiba: Juruá, 2022.

PINHEIRO, A. C.; MONTEIRO, V.; GONDIM, C. E.; CORONADO, R. I. *Estruturação de projetos de PPP e Concessão no Brasil:* diagnóstico do modelo brasileiro e propostas de aperfeiçoamento. São Paulo: International Finance Corporation, 2015. p. 59.

RADAR PPP. *O que é verificador independente?* Disponível em: https://radarppp.com/blog/verificador-independente-concessoes-ppps-afericao-desempenho/. Acesso em: 2 set. 2023.

RADAR PPP. *Resumo de Contratos de PPPs Archives*, s/d. Disponível em: https://radarppp.com/resumo-de-contratos-de-ppps/. Acesso em: 12 fev. 2024.

RIO DE JANEIRO. Tribunal de Contas do Estado. *Processo nº 218.242-8/24* (TCE/RJ[1]). Petição de Representação do CAD Desestatização. Relator: Conselheiro Marcelo Verdini Maia. Rio de Janeiro RJ, Sessão 13/6/2024. Disponível em: https://www.tcerj.tc.br/consulta-processo/Pesquisa/IndexServico?Tipo=representacao&NumeroProcesso=218242&AnoProcesso=&Orgao=&Interessado=&Assunto=&idEsfera=0. Acesso em: 28 jun. 2024.

SALAMA, Bruno Meyerhof (coord.); BARRIONUEVO FILHO, Arthur (coord.); PALMA, Juliana Bonacorsi de; DUTRA, Pedro. *Processo de nomeação de dirigentes de agências reguladoras*: uma análise descritiva. São Paulo: FGV, 2017. Disponível em: https://bibliotecadigital.fgv.br/dspace/bitstream/handle/10438/24882/02_sumario_executivo_grp_-_pep_01.pdf. Acesso em: 27 ago. 2023.

SÃO PAULO (Estado). *Contrato nº 003/SMSO/2018*. Disponível em: https://www.prefeitura.sp.gov.br/cidade/secretarias/upload/prefeituras_regionais/ilume/Contrato003SMSO2018.pdf. Acesso em: 1º ago. 2023.

SÃO PAULO (Estado). *Contrato de Concessão Administrativa nº 01/2021/CIVAP*. Disponível em: https://www.civap.com.br/licitacao/371. Acesso em: 27 out. 2024.

SÃO PAULO (Estado). *Contrato de Concessão Administrativa PPP nº 01/2012*. Disponível em: https://www.habitacao.sp.gov.br/habitacao/servicos/sobre_a_ppp. Acesso em: 27 out. 2024.

SÃO PAULO (Estado). *Contrato de Concessão Administrativa PPP n. 01/2014*. Disponível em: PPP Complexos Hospitalares - Secretaria da Saúde - Governo do Estado de São Paulo. Acesso em: 27 out. 2024.

SÃO PAULO (Estado). *Contrato de Concessão Administrativa PPP nº 02/2014*. Disponível em: https://saude.sp.gov.br/ses/perfil/cidadao/ppp-complexos-hospitalares/ppp-complexos-hospitalares. Acesso em: 27 out. 2024.

SÃO PAULO (Estado). *Contrato de Concessão Patrocinada PPP nº 02/2021*. Disponível em: https://www.parcerias.sp.gov.br/Parcerias/Projetos/Detalhes/129. Acesso em: 27 out. 2024.

SÃO PAULO (Estado). *Legislação Municipal* – Catálogo de Legislação Municipal. Disponível em: https://legislacao.prefeitura.sp.gov.br/leis/lei-17433-de-29-de-julho-de-2020. Acesso em: 26 out. 2024.

SÃO PAULO (Estado). Secretaria de Governo. *Manual de Parcerias do Estado de São Paulo*, 2016. Disponível em: https://www.parcerias.sp.gov.br/parcerias/docs/manual_de_parcerias_do_estado_de_sao_paulo.pdf. Acesso em: 3 out. 2024.

SÃO PAULO (Estado). Secretaria de Parcerias em Investimentos. *Concorrência Pública nº 01/2023*. Lote Litoral Paulista. Disponível em: https://www.parceriaseminvestimentos.sp.gov.br/projeto-qualificado/lote-litoral-paulista/. Acesso em: 28 out. 2024.

SÃO PAULO (Estado). Secretaria de Parcerias em Investimentos. *Concorrência Pública nº 01/2014*. Rodovia dos Tamoios e Contornos. Disponível em: https://www.parceriaseminvestimentos.sp.gov.br/projeto-qualificado/rodovia-dos-tamoios-e-contornos/. Acesso em: 28 out. 2024.

SÃO PAULO (Estado). Secretaria de Serviços e Obras. *Contrato nº 003/SMSO/2018*. São Paulo, 2015. Disponível em: https://www.prefeitura.sp.gov.br/cidade/secretarias/upload/prefeituras_regionais/ilume/Contrato003SMSO2018.pdf. Acesso em: 23 out. 2024.

SÃO PAULO (Estado). SP PARCERIAS. *Cidade para todos*. Disponível em: https://www.spparcerias.com.br/. Acesso em: 1º mar. 2023.

SÃO PAULO (SP). *Projetos*. Disponível em: https://www.spparcerias.com.br/projetos. Acesso em: 7 jun. 2024.

SERGIPE. *Minuta de contrato*. Concessão da prestação regionalizada dos serviços públicos de abastecimento de água e esgotamento sanitário da microrregião de água e esgoto de Sergipe – Maes, instituída pela Lei Complementar Estadual nº 398, de 29 de dezembro de 2023. Sergipe, 12 jan. 2024. p. 68 Disponível em: https://desenvolve.se.gov.br/wp-content/uploads/2024/01/Contrato-de-Concessao-1.pdf. Acesso em: 1º out. 2024.

STIGLER, G. J. The Theory of Economic Regulation. *The Bell Journal of Economics and Management Science*, 2, 3-21, 1971. Doi: 10.2307/3003160.

SUNDFELD, Carlos Ari *et al*. O valor das decisões do Tribunal de Contas da União sobre irregularidades em contratos. *Revista Direito GV*, v. 13, n. 3, p. 866-890, dez. 2017. Disponível em: https://www.scielo.br/j/rdgv/a/87Hk5wrRCpCYTkVSZgpY8PN/. Acesso em: 1 out. 2024.

TOLEDO. *Concessão administrativa para prestação de serviços de iluminação pública*. Disponível em: https://www.toledo.pr.gov.br/ppp/. Acesso em: 20 out. 2024.

UNITED KINGDOM. HM Treasury. *Standardisation of PF2 Contracts* – Draft. Dez. 2012. p. 180. Disponível em: https://assets.publishing.service.gov.uk/government/uploads/system/uploads/attachment_data/file/207383/infrastructure_standardisation_of_contracts_051212.PDF. Acesso em: 27 nov. 2024.

UNITED KINGDOM. Becoming an Assurance Reviewer for the Infrastructure and Projects Authority. Disponível em: https://assets.publishing.service.gov.uk/government/uploads/system/uploads/attachment_data/file/640303/become_an_assurance_reviewer_guidance.pdf. Acesso em: 7 maio 2023.

UNITED KINGDOM. Major Projects Authority. Disponível em: https://www.gov.uk/government/groups/major-projects-authority. Acesso em: 7 maio 2023.

VALIATI, Thiago Priess. O sistema duplo de regulação no Brasil: a regulação por contrato complementada pela regulação por agência: The double regulatory system in Brazil: regulation by contract complemented by regulation by agency. *Revista de Direito Administrativo e Infraestrutura | RDAI*, São Paulo, v. 3, n. 8, p. 23-58, 2019. DOI: 10.48143/rdai/08.tpv. Disponível em: https://rdai.com.br/index.php/rdai/article/view/145. Acesso em: 7 jun. 2024. Acesso em: 15 jul. 2023

POSFÁCIO

Vez por outra, nos deparamos com um trabalho que desbrava um assunto ainda pouco abordado. Este livro é um desses casos: é pioneiro, vanguardista e inovador. O tema da verificação independente no Brasil ainda havia sido pouco explorado e sistematizado, apesar de ser um assunto muito relevante para as parcerias público-privadas. Agora podemos dizer que temos um material de estudo que concentra as principais informações sobre verificadores independentes, não apenas com doutrina, mas também jurisprudência e – que é ainda mais especial – com levantamento empírico.

É relevante notar que o brilhantismo do trabalho está no fato de que não foram apenas feitas compilações de informações existentes. Mais do que isso, o livro identifica os pontos em que serão necessários avanços para um desempenho mais adequado, deixando um legado de conhecimento para ser aplicado. Todo esse brilhantismo era de se esperar, considerando a alta qualificação profissional da autora – a quem tenho a honra de poder chamar de amiga.

Em suma, o texto deixa muito clara uma tendência: a figura do verificador independente tende a se consolidar cada vez mais no cenário brasileiro. Essa é uma boa e bem-vinda observação, já que as atividades desempenhadas pelos verificadores são um relevante ponto de apoio para o adequado desenvolvimento de uma relação jurídica absolutamente complexa, que é o contrato de concessão ou de parceria público-privada.

Em Mato Grosso, a experiência com os verificadores independentes em contratos de concessão de rodovias tem sido positiva. A prática tem demonstrado que é importante ter um terceiro independente na relação contratual, que presta um apoio técnico com alta especialização e auxilia todas as partes do contrato, evitando o desenvolvimento de passivos regulatórios. Processos de grande complexidade, envolvendo reequilíbrios e outras discussões, contaram com pareceres técnicos e análises da verificação independente, que deram mais segurança jurídica e evitaram o surgimento de maiores conflitos.

A mais recente 5ª geração de contratos de concessões do estado de Mato Grosso, que contou com a talentosa participação da autora na estruturação, trouxe uma ampliação das competências e atribuições do verificador independente, exatamente por conta da experiência pretérita positiva. São contratos em que o verificador independente participará ativamente de todas as etapas, consolidando, assim, a figura no âmbito estadual.

O Brasil como um todo caminha para uma ampliação da utilização do modelo, e tenho certeza de que este livro servirá como base de estudos e de consulta para todos os que trabalham na área, para que o modelo seja cada vez mais eficiente.

Caio Felipe Caminha de Albuquerque

APÊNDICE A

Disponível, de forma digital, em:

https://0editorial.s3.sa-east-1.amazonaws.com/verificacao_independente_parcerias_publico_privadas-isadora_cohen/Levantamento-VIs-Pesquisa_.xlsx

Esta obra foi composta em fonte Palatino Linotype, corpo 10
e impressa em papel Pólen Bold 70g (miolo) e Supremo 250g (capa)
pela Gráfica Star7.